Flugzeuge

Entwicklung der Originalausgabe
Weldon Owen Pty Limited
43 Victoria Street, McMahons Point, NSW 2060, Australia
© Copyright Weldon Owen Pty Limited

Verlagsleiter: Kevin Weldon
Geschäftsführer: John Owen
Herausgeber der Reihe: Sheena Coupe
Chefredakteur: Rosemary McDonald
Projektleiter: Kathy Gerrard
Redaktion: Claire Craig
Redaktionelle Mitarbeit: Selena Quintrell Hand
Art Director: Sue Burk
Layout: Mark Nichols, Angela Pelizzari
Künstlerische Beratung: Alex Arthur, Arthur Brown
Bildredaktion: Jenny Mills
Bildbeschaffung: Peter Barker, Annette Crueger
Herstellung: Mick Bagnato, Simone Perryman

Redaktionelle Beratung: Donald Lopez
Autor: Terry Gwynn-Jones

Grafiken: Christer Eriksson, Alan Ewart, Greg Gillespie, Mike Gorman,
Terry Hadler, Langdon G. Halls, David Kirshner, Mike Lamble, Alex Lavroff,
Kent Leech, Ulrich Lehmann, Oliver Rennert, John Richards, Trevor Ruth,
Steve Seymour, Ray Sim, Steve Trevaskis, Ross Watton/Garden Studio,
Rod Westblade

Deutsche Ausgabe
Redaktion: Hans Peter Thiel, Marcus Würmli

Ungekürzte Lizenzausgabe
der Bertelsmann Lexikon Verlag GmbH, Gütersloh 1995

Druck und Bindung:
Mohndruck Graphische Betriebe GmbH, Gütersloh
Printed in Germany
ISBN: 3-577-10576-8

Flugzeuge

DEUTSCHE BEARBEITUNG

Hans Peter Thiel
Marcus Würmli

ENTDECKE DEINE WELT

Inhalt

Gänse legen längere Strecken im Formationsflug zurück und bilden dabei einen V-förmigen Keil. Der vorderste Vogel leistet die Hauptarbeit. Die Vögel dahinter sparen sich rund ein Fünftel der Energie, weil sie auf der Luftwelle des Vorfliegers mitreiten. Die Gans an der Spitze wird alle zehn Minuten abgewechselt. Man kann diesen Formationsflug mit dem Gehen in tiefem Schnee vergleichen. Der erste muß viel Arbeit leisten. Seine Nachfolger haben es viel leichter, weil der Weg schon vorgebahnt ist.

START

Schwäne sind schwere Vögel. Sie müssen erst über eine längere Strecke das Wasser treten, um abheben zu können. So erreichen sie die Geschwindigkeit, die benötigt wird, damit der Auftrieb den Körper tragen kann. Aus demselben Grund brauchen Flugzeuge, die mit Fracht und Passagieren beladen sind, eine lange Startbahn.

• DIE KUNST DES FLIEGENS •

Leichtbauweise

Schon vor Jahrtausenden träumten die Menschen davon, wie die Vögel zu fliegen. Einige beließen es nicht beim Träumen, sondern schnallten sich Flügel aus Federn an die Arme. Doch keiner von ihnen konnte sich in die Luft erheben. Der menschliche Körper ist zu schwer und hat nicht genügend Muskeln für den Flug. Die Flugpioniere entdeckten schließlich, daß der Vogelflügel besonders geformt ist und eine Tragfläche bildet. Wenn die Luft über einen Vogelflügel strömt, ergibt sich ein Druckunterschied zwischen der Oberseite und der Unterseite des Flügels. Dieser Druckunterschied ist der Auftrieb, der dem Gewicht entgegenwirkt und den Vogel oder das Flugzeug in die Luft hebt. Das trifft für alle Fluggeräte zu, die schwerer sind als Luft. Dazu zählen außer den Motorflugzeugen und Hubschraubern auch die Segelflugzeuge und Drachenflieger. Ballons und Luftschiffe dagegen sind leichter als Luft, weil sie Heißluft oder ein Gas wie Helium oder Wasserstoff enthalten.

SCHON GEWUSST?

Tragflügelboote erzeugen einen Auftrieb im Wasser. Bei einer gewissen Geschwindigkeit hebt das Boot den Rumpf aus dem Wasser. Damit entfällt ein Teil der Reibung.

SCHWERER ALS LUFT
Die Flügel eines Schwans und dieses riesigen Wasserflugzeugs vom Typ *Boeing 314* funktionieren auf dieselbe Weise: Die darüber hinwegstreichende Luft erzeugt den nötigen Auftrieb, um vom Wasser abheben zu können.

FLÜGEL IM PROFIL
Der Schnitt zeigt das Profil eines Vogelflügels.

Bewegungsrichtung des Flugzeugs

Auftrieb

Gekrümmte Oberseite der Tragfläche

Die Luft strömt über die Oberseite schneller, so daß dort ein Unterdruck entsteht.

Die Luft strömt an der Unterseite langsamer, was zu einem Überdruck führt.

WIE TRAGFLÄCHEN FUNKTIONIEREN

Diese Grafik zeigt, wie durch die typische Form einer Tragfläche ein Auftrieb entsteht. Die Luft strömt an der Oberseite des Flügels schneller als an der Unterseite. Dadurch entsteht ein Druckunterschied, der den Flügel nach oben saugt und anhebt. Dies wird auch in dem nebenstehenden Experiment deutlich.

DAS GEHEIMNIS DES AUFTRIEBS
Bei diesem Versuch hält man ein Blatt Papier vor den Mund und bläst kräftig darüber. Das Papier hebt sich. Es ist derselbe Effekt wie bei einem Flugzeug.

Hoch hinaus

Vögel fliegen höher, weiter und schneller als alle anderen fliegenden Tiere. Viele Vogelarten überqueren auf ihren Zügen Ozeane und Kontinente. Die Vögel sind auch die einzigen Tiere, die den Wind als Auftriebshilfe verwenden. Zwei Brustmuskeln bewegen den Vogelflügel. Bei den meisten Arten machen allein diese Muskeln rund ein Drittel des Gesamtgewichts aus. Mit Muskelkraft bewegen die Vögel auch ihre langen steifen Flugfedern. Die Federn an der Flügelspitze, die Handschwingen, treiben den Vogel vorwärts, während der restliche Flügel den Auftrieb erzeugt. Beim Schlag nach oben und unten verändern die Flügel ihre Form. Schlagen sie nach unten, sind sie breit und flächig, während sie beim Schlag nach oben stark angezogen werden. Die Flügelform verrät viel über die Lebensweise eines Vogels. Lange Flügel sind typisch für Segel- oder Gleitflieger, während kurze gedrungene Flügel schnellen Ruderflug ermöglichen.

BREITE FLÜGEL
Diese Fleckenweihe fliegt mit ihren breiten Flügeln langsam über offenes Gelände und hält nach kleinen Reptilien, Vögeln und Säugern Ausschau.

ZEITLUPE
Beim Flug des Rotkehlchens gehen Aufschlag und Abschlag fließend ineinander über. Mit bloßem Auge kann man diese Bewegungen kaum verfolgen, so schnell sind sie. Unten sind die Flügelbewegungen in fünf Phasen dargestellt.

Flugsteuerung
Die langen Schwanzfedern kontrollieren die Fluglage, besonders beim Steuern und Abbremsen.

FEDER IN NAHAUFNAHME
Die Vögel haben als einzige Tiere Federn. Die elektronenmikroskopische Aufnahme zeigt die Feinstruktur einer Vogelfeder. Ähnlich wie bei einem Klettverschluß verbinden sich die Federstrahlen über Häkchen miteinander.

AUSBREITEN
Die Flügel sind am höchsten Punkt vollständig gespreizt und werden dann nach unten bewegt. Die Federn überlappen sich, die Füße sind angezogen. Die gebogenen Enden der Handschwingen sorgen wie Propeller für den Vortrieb.

ANZIEHEN
Beim Aufschlag werden die Flügel angezogen und nahe am Körper geführt, um den Luftwiderstand zu verringern.

START
Bei Beginn des Aufschlags bilden die Federn keine einheitliche Fläche. Dadurch verringert sich der Luftwiderstand, und der Vogel braucht weniger Energie.

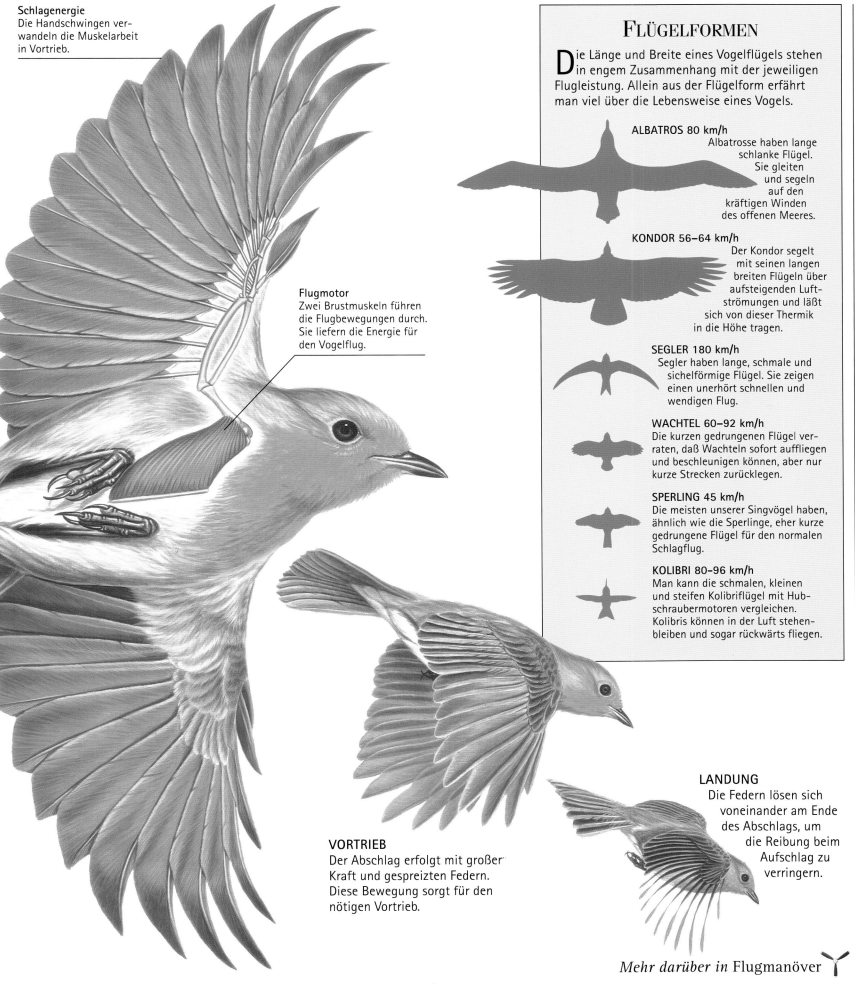

Schlagenergie
Die Handschwingen verwandeln die Muskelarbeit in Vortrieb.

Flugmotor
Zwei Brustmuskeln führen die Flugbewegungen durch. Sie liefern die Energie für den Vogelflug.

FLÜGELFORMEN

Die Länge und Breite eines Vogelflügels stehen in engem Zusammenhang mit der jeweiligen Flugleistung. Allein aus der Flügelform erfährt man viel über die Lebensweise eines Vogels.

ALBATROS 80 km/h
Albatrosse haben lange schlanke Flügel. Sie gleiten und segeln auf den kräftigen Winden des offenen Meeres.

KONDOR 56–64 km/h
Der Kondor segelt mit seinen langen breiten Flügeln über aufsteigenden Luftströmungen und läßt sich von dieser Thermik in die Höhe tragen.

SEGLER 180 km/h
Segler haben lange, schmale und sichelförmige Flügel. Sie zeigen einen unerhört schnellen und wendigen Flug.

WACHTEL 60–92 km/h
Die kurzen gedrungenen Flügel verraten, daß Wachteln sofort auffliegen und beschleunigen können, aber nur kurze Strecken zurücklegen.

SPERLING 45 km/h
Die meisten unserer Singvögel haben, ähnlich wie die Sperlinge, eher kurze gedrungene Flügel für den normalen Schlagflug.

KOLIBRI 80–96 km/h
Man kann die schmalen, kleinen und steifen Kolibriflügel mit Hubschraubermotoren vergleichen. Kolibris können in der Luft stehenbleiben und sogar rückwärts fliegen.

VORTRIEB
Der Abschlag erfolgt mit großer Kraft und gespreizten Federn. Diese Bewegung sorgt für den nötigen Vortrieb.

LANDUNG
Die Federn lösen sich voneinander am Ende des Abschlags, um die Reibung beim Aufschlag zu verringern.

Mehr darüber in Flugmanöver

9

• FLIEGENDE TIERE •

Gleiten und Segeln

Das amerikanische Zwerggleithörnchen kann
auf seiner pelzigen Flughaut bis zu hundert
Meter weit durch die Luft gleiten. Dieser
Gleitflug erfolgt rein passiv. Das Hörnchen
kann nicht an Höhe gewinnen und sich
nicht längere Zeit in der Luft halten. Für das echte,
aktive Fliegen muß aber – bei Tieren ebenso wie bei
Flugzeugen – ein dauernder Luftstrom an den Flügeln vorhanden
sein. Die Tiere haben dafür zwei Verfahren entwickelt: Sie nutzen
den Wind durch Segeln oder greifen auf die eigene Muskelkraft
zurück, indem sie durch Flügelschlagen den benötigten Luftstrom
erzeugen. Dieser Schlag- oder Ruderflug ist leicht zu steuern,
verlangt aber einen hohen Energieaufwand. So ist das Fliegen
für die meisten Vögel wahre Schwerarbeit. Gemessen an seiner
Körpergröße braucht ein Kolibri beispielsweise zehnmal so viel
Energie wie ein Leistungssportler, um scheinbar schwerelos von
Blüte zu Blüte zu schwirren.

VON BAUM ZU BAUM
Das amerikanische Zwerggleithörnchen
springt von einem Baum und spannt
zwischen seinen Gliedmaßen die Flughaut
aus. So gleitet es zum nächsten Halt. Man
kann seine Flughaut mit einem Fallschirm
vergleichen. Als Ruder verwendet das
Hörnchen seinen buschigen Schwanz.

10

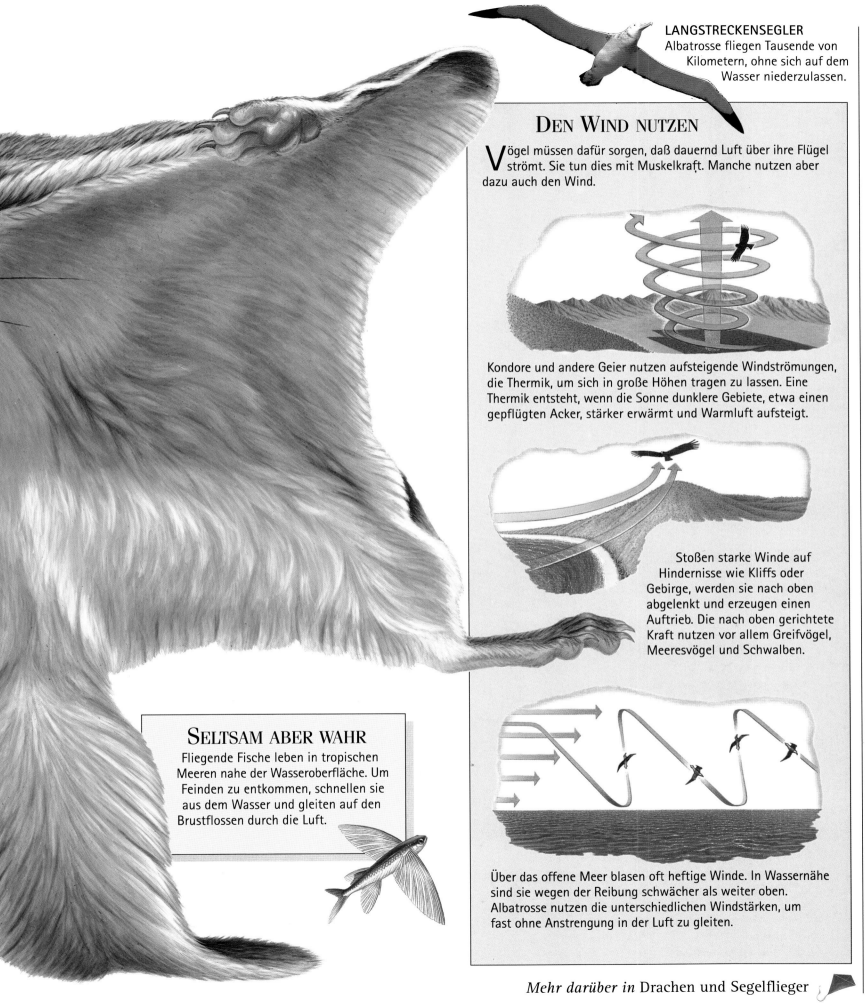

LANGSTRECKENSEGLER
Albatrosse fliegen Tausende von
Kilometern, ohne sich auf dem
Wasser niederzulassen.

DEN WIND NUTZEN

Vögel müssen dafür sorgen, daß dauernd Luft über ihre Flügel
strömt. Sie tun dies mit Muskelkraft. Manche nutzen aber
dazu auch den Wind.

Kondore und andere Geier nutzen aufsteigende Windströmungen,
die Thermik, um sich in große Höhen tragen zu lassen. Eine
Thermik entsteht, wenn die Sonne dunklere Gebiete, etwa einen
gepflügten Acker, stärker erwärmt und Warmluft aufsteigt.

Stoßen starke Winde auf
Hindernisse wie Kliffs oder
Gebirge, werden sie nach oben
abgelenkt und erzeugen einen
Auftrieb. Die nach oben gerichtete
Kraft nutzen vor allem Greifvögel,
Meeresvögel und Schwalben.

SELTSAM ABER WAHR

Fliegende Fische leben in tropischen
Meeren nahe der Wasseroberfläche. Um
Feinden zu entkommen, schnellen sie
aus dem Wasser und gleiten auf den
Brustflossen durch die Luft.

Über das offene Meer blasen oft heftige Winde. In Wassernähe
sind sie wegen der Reibung schwächer als weiter oben.
Albatrosse nutzen die unterschiedlichen Windstärken, um
fast ohne Anstrengung in der Luft zu gleiten.

Mehr darüber in Drachen und Segelflieger

Fledermäuse und Insekten

D rei Gruppen von Tieren haben sich die Luft als Lebensraum erobert: Vögel, Fledermäuse und Insekten. Da Insekten nur ein geringes Gewicht durch die Luft bewegen müssen, benötigen sie keine so kräftigen Muskeln wie die Vögel. Sie wenden auch längst nicht so viel Energie beim Flug auf wie die Fledermäuse und können ihren Flug leichter steuern. Stubenfliegen schlagen in der Luft sogar einen Salto, um kopfunter an der Decke zu landen. Die schlanken Libellen erreichen Fluggeschwindigkeiten von fünfzig Stundenkilometern. Wie Kolibris fliegen sie rückwärts und bleiben im Flug stehen. Die einzigen fliegenden Säugetiere sind die Fledermäuse. Allerdings ist ihr Flug nicht sehr elegant, weshalb man sie als Flattertiere bezeichnet. Die Flughunde sind die größten fliegenden Säuger. Sie sind bis zu einem halben Meter lang und haben eine Flügelspannweite von eineinhalb Metern.

SCHON GEWUSST?

Die meisten Insekten bewegen mit den Brustmuskeln nicht die Flügel, sondern verformen ihre Brust. Dadurch werden die Flügel über ein System von Hebeln bewegt. Sie vibrieren dabei so schnell, daß ein surrendes Fluggeräusch entsteht.

DER UNTERSCHIED
Diese fliegende Libelle zeigt den Unterschied zum Flug von Vögeln und Fledermäusen: Insekten haben zwei Flügelpaare, Vögel und Fledermäuse nur je eines. Bei diesen höheren Tieren bilden Gliedmaßen die Flügel, bei Insekten sind es eigene Strukturen.

NAH-AUFNAHME
Die elektronenmikroskopische Aufnahme zeigt die Verbindungsstellen zwischen dem Körper und den Flügeln einer Libelle.

HANDFLÜGEL
Fledermäuse spannen die Flughäute
zwischen den verlängerten Fingern
ihrer Vordergliedmaßen und ihren Beinen aus.

FLÜGELSCHLÄGE BEI INSEKTEN
Je kleiner das Insekt, um so größer kann die
Zahl der Flügelschläge pro Sekunde sein. Dabei
geht allerdings die Fluggeschwindigkeit zurück.

		GESCHWINDIGKEIT PRO STUNDE	FLÜGELSCHLÄGE PRO SEKUNDE
	LIBELLE	24 km/h	25
	SCHMETTERLING	22 km/h	10
	STUBENFLIEGE	8 km/h	180–330
	HONIGBIENE	29 km/h	250
	STECHMÜCKE	1,5 km/h	300

FLUGSAURIER

Im Jahr 1986 bauten
amerikanische Forscher
ein flugfähiges Modell
eines schon längst aus-
gestorbenen Flugsauriers.
Dieser *Quetzalcoatlus northropi* lebte vor ungefähr
100 Millionen Jahren und erreichte die erstaunliche
Flügelspannweite von 6 m. Das Modell des Flugsauriers
konnte mit den Flügeln schlagen. Es hatte 13 kleine
Elektromotoren sowie Computer als Autopiloten und einen
Funkempfänger zur Steuerung. Dieser moderne Saurier
hielt sich immerhin drei Minuten lang in der Luft.

DER GÖTTERVOGEL
Garuda war ein riesiger Vogel, der dem indischen Gott Vishnu als Reittier diente. Auch die indonesische Fluglinie heißt „Garuda". Sie hat sich diesen Götterboten als Logo ausgesucht.

• MIT DER KRAFT DES WINDES •
Geflügelte Götter

Seit Jahrtausenden erzählen sich die Menschen Geschichten von wundersamen Wesen, die sich leicht wie Vögel in die Luft erheben. Die Fähigkeit des Fliegens galt als Zeichen für Größe und Macht. Viele Götter und Heroen der griechischen Sage konnten fliegen. Der griechische Erfinder Dädalus baute Flügel, um mit seinem Sohn Ikarus von Kreta zu fliehen. Den Thron des persischen Fürsten Kaikaus sollen Adler getragen haben. Im Lauf der Geschichte wollten es viele Menschen diesen Heldengestalten gleichtun. Sie schnallten sich Flügel an die Arme und sprangen von Türmen. Einige überlebten den Fall. Der Schotte John Damian stürzte sich 1507 mit Flügeln aus Hühnerfedern von einer Schloßmauer, brach sich aber nur ein Bein. Er selbst glaubte hinterher, er hätte wohl mehr Erfolg gehabt, wenn er die Federn eines Vogels verwendet hätte, der auch wirklich fliegt. Der Schneider von Ulm versuchte 1811 mit einem Flugapparat die Donau zu überqueren. Doch er plumpste wie ein Stein ins Wasser. Bis der Mensch fliegen konnte, sollten noch fast hundert Jahre vergehen.

DER FLUG DES ALEXANDER
Alexander der Große soll mit Hilfe von Greifen geflogen sein. Er spannte diese sagenhaften Vögel an einen Korb und verlockte sie mit einem Fleischstück an der langen Lanze zum Fliegen.

EIN GEFLÜGELTES PFERD
Einer griechischen Sage zufolge fing Bellerophontes, der Sohn des Königs von Korinth, das Flügelroß Pegasus. Er flog mit ihm durch die Wolken und tötete im Kampf das dreiköpfige Monster Chimaira.

14

DER SONNE ZU NAHE
Der Grieche Dädalus wurde mit seinem Sohn Ikarus von König Minos auf der Insel Kreta gefangengehalten. Deshalb baute er Flügel aus Wachs und Vogelfedern, um zu fliehen. Ikarus flog jedoch zu nahe an die Sonne, so daß das Wachs schmolz und er in das Ägäische Meer stürzte.

TURMSPRINGER
Jahrhundertelang versuchten die Menschen, es den Vögeln gleichzutun. Sie bauten Flügel aus Vogelfedern, sprangen von Türmen und bewegten dabei heftig die Arme, während sie wie ein Stein zu Boden fielen. Man wußte noch nicht, daß Menschen zu schwer sind für den aktiven Schlagflug. Die Muskelmasse reicht dafür ebenso wenig aus wie die Leistungsfähigkeit des Herzens. Bei einem Spatz schlägt das Herz während des Fluges bis zu 800mal in der Minute.

LUFTKÄMPFE
In vielen Legenden können die Kräfte des Bösen wie des Guten fliegen. Hier verteidigt der Erzengel Michael seine Insel in der Normandie gegen den Teufel in der Gestalt eines Drachens.

FRÜHLINGSERWACHEN
Die ägyptische Göttin Isis hatte Flügel wie ein Falke. Jedes Jahr flog sie über das Land, um den Frühling zu bringen.

Mehr darüber in Erste Erfolge

15

Flügelform
Der Hängegleiter hat ein starres
Gerüst und ist wie ein schnittiger
Doppelflügel geformt.

VORLÄUFER
Die Japaner verwenden
heute noch bunte Drachen
zur Unterhaltung und bei
religiösen Zeremonien.

DRACHENFLIEGEN
Der Start erfolgt von Abhängen
oder Bergkanten aus. Von einer
bestimmten Geschwindigkeit
an trägt der Hängegleiter den
Piloten. Gesteuert wird durch
Verlagerung des Gewichts.
Der Pilot fliegt in waagrechter
Lage und hält sich mit den
Händen am Trapez fest.

• MIT DER KRAFT DES WINDES •

Drachen und Segelflieger

Der Drachen ist einer der Vorläufer des
Flugzeugs. Schon vor 2 000 Jahren haben
die Chinesen mit Drachen Soldaten in die Luft
gehoben, damit sie den Gegner von oben beobachten konnten.
Sie nutzten Drachen auch zur Versorgung eingeschlossener
Städte. Dem englischen Erfinder George Cayley diente der
Drachen als Vorbild für sein erstes Modell eines Gleitflug-
zeugs. Flugpioniere wie Otto Lilienthal bauten Gleitapparate,
die Vogelflügeln nachempfunden waren. Lilienthal war
davon überzeugt, daß man erst den Vogelflug
verstehen müsse, bevor man selbst fliegen könne.
Die Brüder Wright bauten ab 1901 die ersten
flugtüchtigen Gleiter. Die heutigen Drachenflieger
mit ihren Hängegleitern und die Segelflugzeuge
erinnern daran. Diese werden von Flugzeugen in die
Luft geschleppt. Wie viele große Vögel nutzen auch
sie die Thermik aufsteigender Warmluftströme.

Trapez

FISCHEN MIT DRACHEN
Die Maori in Neuseeland fischten mit
Drachen in Menschenform. Manche
galten als Symbole und halfen den
Weisen des Stammes, den „Tohunga",
bei ihren Entscheidungen.

SEGELN IN DER THERMIK

Heutige Segelflugzeuge haben lange schlanke Flügel, die an die Schwingen von Albatrossen erinnern. Stundenlang können sie in der aufsteigenden Thermik kreisen. Die Piloten gleiten von Aufwind zu Aufwind und legen so Hunderte von Kilometern zurück.

Segellatten
Segellatten stecken in Taschen und verstärken die Hinterkante des Segels.

Reißfester Stoff
Der Flügel ist aus leichtem, aber kräftigem Nylon genäht.

Gerüst
Das Gerüst besteht aus einer leichten Aluminiumlegierung.

Gurtzeug

STEIGFLUG
Der Pilot bewegt das Trapez nach vorne, um aufzusteigen.

SINKFLUG
Um an Höhe zu verlieren, zieht der Pilot das Trapez zu sich heran.

KURVENFLUG
Der Pilot steuert den Drachen durch Gewichtsverlagerung des Körpers.

EIN GENIALER PILOT

Der deutsche Ingenieur Otto Lilienthal baute als erster einen Gleitapparat, der einen Menschen tragen konnte, und flog damit regelmäßig über 100 m weit. Im Laufe seines Lebens flog er mit wechselnden Modellen über 2 500mal. 1896 wurde er von einer Böe erfaßt und verunglückte tödlich.

KASTENDRACHEN

Der Australier Lawrence Hargrave erfand Ende des vorigen Jahrhunderts den Kastendrachen, um Meßinstrumente in die Luft zu heben. 1894 verband er vier Drachen miteinander und ließ sich bei einer Windgeschwindigkeit von 34 km/h von ihnen 5 m hoch in die Luft tragen. Hargrave wollte seine Drachen zu einem Flugzeug weiterentwickeln. Die ersten europäischen Flugzeugbauer verwendeten für ihre Tragflächen die Konstruktionsprinzipien Hargraves.

Ballonfahren

Im Laufe der Jahrhunderte ersannen und bauten die Menschen ganz unterschiedliche Flugmaschinen, um die Welt von oben betrachten zu können. Die Franzosen Joseph und Etienne Montgolfier fertigten einen Ballon aus Stoff und Papier. Er erhob sich von einem Gerüst, über dem ein Feuer brannte, hoch in die Lüfte. Ihr zweiter Ballon beförderte dann die ersten Passagiere: ein Schaf, eine Ente und einen Hahn. Sie landeten unversehrt wieder auf der Erde. Im Jahr 1783 stieg dann vor staunendem Publikum in Paris erstmals eine Montgolfiere – so hießen nun diese Ballons – mit zwei Männern an Bord in die Luft. Fünfzig Jahre später verwendeten Wissenschaftler Ballons für die Untersuchung der oberen Erdatmosphäre. Heute ist der Ballonsport wieder sehr in Mode. Ein paar Abenteuerlustige wollen in einem Ballon sogar die ganze Erde umrunden.

Brenner
Der Pilot reißt an einer Leine, um das Ventil des Brenners zu öffnen. Dieser verbrennt Gas und füllt den Ballon mit heißer Luft.

Korb
Die meisten Ballonkörbe bestehen heute noch aus Weidengeflecht, weil dieses Material leicht und widerstandsfähig ist.

HEISSE LUFT
Das Fahren mit Heißluftballons ist heute sehr beliebt. Der Ballon hat einen Durchmesser von rund 18 m und enthält etwa 2 830 Kubikmeter Luft, die mit Propangasbrennern auf etwa 100 °C erhitzt wird.

18

Hülle
Die Hülle besteht aus 24 Teilen polyurethanbeschichtetem, reißfestem Nylon. Die Oberfläche beträgt rund 1 000 m². Zum Nähen benötigt man 5 km Faden.

Fallschirmventil

Reißleine

BALLONABENTEUER
Im Jahr 1978 überflogen drei Amerikaner in dem Heliumballon *Double Eagle II* den Atlantik in sechs Tagen. 15 Jahre darauf überquerte ein Heißluftballon Australien in 40 Stunden und 23 Minuten.

BALLONS ALS HINDERNISSE
Während des Zweiten Weltkriegs verwendete man Fesselballons als Sperren für Flugzeuge. Sie hinderten feindliche Bomber daran, in geringer Höhe über die Städte hinwegzufliegen.

FLIEGEN MIT HEISSLUFT

Ballons fahren mit dem Wind. Die Ballonfahrer können die Flugrichtung somit nicht bestimmen. Nur die Flughöhe können sie beeinflussen. Soll der Ballon steigen, drehen sie das Brennerventil auf. Durch das Feuer erwärmt sich die Luft in der Hülle, was einen Auftrieb zur Folge hat. Soll der Ballon sinken, läßt der Fahrer die Luft abkühlen, oder er zieht die Reißleine. Dadurch kann Warmluft aus einem Luftloch entweichen und wird durch kühlere, schwerere Luft ersetzt. Nach der Landung wird die Warmluft abgelassen.

Mehr darüber in Luftschiffe

19

Erste Erfolge

Es gibt viele Geschichten über mutige Männer und ihre verrückten Flugmaschinen. Die meisten davon flogen nie, doch ihre Erfinder legten die Grundlagen für die späteren Flugpioniere. Die Entwicklung der Dampfmaschine im 19. Jahrhundert führte zu ernstzunehmenden Versuchen, mit ihrer Hilfe die Lüfte zu erobern. 1874 baute Félix de Temple einen Eindecker, der einen kurzen Hopser hügelabwärts vollbrachte. Clément Ader und Hiram Maxim bauten Flugapparate, die für kurze Zeit vom Boden abhoben. Diese ließen sich jedoch nicht steuern. Ihre kohlebefeuerten Maschinen waren zu schwer und brachten nicht genug Leistung für den Flug. Im Jahr 1896 startete Samuel Langley ein unbemanntes Flugzeug mit einer Dampfmaschine. Es flog 1 200 Meter weit, dann fiel der Dampfdruck ab. Dampfmaschinen wurden bald darauf durch die leichteren Benzinmotoren ersetzt. Erst sie ermöglichten den Bau echter Flugzeuge.

MIT DAMPF IN DIE LUFT
Im Jahr 1842 entwarf William Henson den ersten Flugapparat, der wie ein heutiges Flugzeug aussah. Angetrieben wurde er von einer Dampfmaschine, die zwei Propeller in Drehung versetzte. Obwohl Henson nur ein Modell baute, wies es schon viele Merkmale heutiger Flugzeuge auf.

EIN MISSGLÜCKTER VERSUCH
Der Amerikaner Samuel Langley konstruierte zuerst dampfbetriebene Flugzeugmodelle. Damit hatte er solchen Erfolg, daß er sich an ein großes Flugzeug mit Benzinmotor wagte, die *Aerodrome*. Der erste Testflug fand 1903 statt: Ein Katapult startete das bemannte Flugzeug vom Dach eines Hausbootes aus. Doch der Startmechanismus versagte, und die *Aerodrome* stürzte in den Potomac-River.

DIE FLEDERMAUS ALS VORBILD

Der französische Ingenieur Clément Ader baute 1897 seine fledermausähnliche *Avion III*. Sie war größer als ihre Vorläuferin, die *Eole*, doch nicht so erfolgreich. 1890 gelang der *Eole* nämlich ein kurzer Flug, bei dem sie 20 cm vom Boden abhob. Die *Avion III* verließ den Boden jedoch nie.

MAXIMS RIESENAPPARAT

Der Amerikaner Hiram Maxim baute 1894 dieses fliegende Ungetüm, einen dreifachen Doppeldecker mit einer Spannweite von 31,5 m. Zwei Dampfmaschinen hoben das Flugzeug mitsamt Besatzung einige Sekunden von seiner Schienenspur in die Luft.

SCHON GEWUSST?

Leonardo da Vinci (1452–1519), der große Künstler der Renaissance, war auch Ingenieur. Er glaubte, der Mensch könne sich mit schlagenden Flügeln in die Luft erheben. Leonardo entwarf viele Fluggeräte, darunter einen Fallschirm und eine Art Hubschrauber.

DIE SUCHE NACH DEM MOTOR

Im Jahr 1852 baute Henri Giffard ein Luftschiff, das vom ersten Flugzeugmotor angetrieben wurde, einer schweren 3-PS-Dampfmaschine. Die Flugpioniere experimentierten auf ihrer Suche nach einem leistungsstärkeren und leichteren Antrieb auch mit Motoren, die mit Druckluft und Kohlegas arbeiteten. Gegen Ende des Jahrhunderts erfand Gottlieb Daimler den Benzinmotor. Damit stand endlich ein leichter, starker Motor für Flugzeuge zur Verfügung. Die Anzani-Maschine im Bild wurde 1909 entwickelt.

Verspannung
Die Steuerung um die Längsachse erfolgte über Drähte, mit denen der Pilot die Flügelspitzen verformte.

DER ERSTE FLUG
Die *Flyer* von 1903 hatte einen stoffüberzogenen, mit Drähten verspannten Holzrahmen. Der Pilot lag auf dem unteren Flügel neben dem Motor. Mit der linken Hand betätigte er das Höhenruder. Mit der Hüfte bewegte er Drähte, die mit den Flügelspitzen und den Seitenrudern verbunden waren.

Propellerantrieb
Fahrradketten verbanden Motor und Propeller.

Ruder
Mit zwei Seitenrudern steuerte der Pilot die Richtung des Flugzeugs.

• FLUGPIONIERE •

Die Brüder Wright

Orville and Wilbur Wright träumten seit ihrer Jugend vom Fiegen. Schon ihren Schulkameraden verkauften sie Drachen. Später eröffneten sie eine Fahrradfabrik und steckten ihr Geld in den Flugzeugbau. Jahrelang studierten sie Flugtheorien und machten selbst Versuche. Wo lag der Schlüssel zum Geheimnis des Fliegens? 1902 entwickelten sie einen Gleitapparat, mit dem sie über tausendmal flogen. Dazu entwarfen sie einen kleinen 12-PS-Benzinmotor und verbanden ihn über eine Fahrradkette mit dem Propeller. So entstand aus ihrem Gleiter ein Motorflugzeug, die *Flyer*. Im Dezember 1903 unternahm Orville Wright damit den ersten Motorflug in der Geschichte. Es war bei Kitty Hawk in North Carolina. Die *Flyer* blieb bei vier Versuchen insgesamt 98 Sekunden lang in der Luft. Dann wurde sie von einer Windböe erfaßt und schwer beschädigt.

SCHON GEWUSST?
Wilbur (links) und Orville Wright losten mit einer Münze aus, wer der erste Pilot sein sollte. Wilbur gewann, sackte beim Start jedoch ab und blieb im Sand stecken. Orville gelang dann der erste Motorflug.

22

SEINER ZEIT VORAUS
Orville Wright gehörte einem Team von Ingenieuren an, die 1920 den Dayton-Wright-Eindecker konstruierten. Er hatte ein einziehbares Fahrgestell und extrem widerstandsfähige Flügel.

LUFTSCHRAUBEN

Propeller sind kleine Tragflügel, die sich drehen. Während der Rotation strömt die Luft schneller über die gewölbte Oberseite des Propellers. Im Vergleich zur Unterseite ergibt sich ein Druckunterschied. Er treibt das Flugzeug vorwärts. Propeller können den Anstellwinkel für Start, Reiseflug und Landung verändern. Damit läßt sich der Treibstoffverbrauch senken. Die Veränderung des Anstellwinkels ist der Gangschaltung eines Autos vergleichbar. Die *Flyer* hatte einen Holzpropeller (rechts). Heute bestehen Propeller aus Metall, glasfaserverstärktem Kunststoff oder Kohlefasern.

Wasserkühlung

Benzintank

Höhenruder
Die Höhenruder vor den Flügeln ließen sich kippen.

Benzinmotor
Der 12-PS-Benzinmotor war neben dem Piloten montiert, um dessen Gewicht auszugleichen.

Hebel für das Höhenruder

Landekufen

URKUNDE
Die Brüder Wright ließen 1906 ihr Flugzeug patentieren, damit andere ihre Ideen nicht kopierten. Doch Flugpioniere in Europa waren bereits dabei, neue Flugzeugtypen zu entwerfen.

EIN VERGLEICH
Der erste Flug von Orville Wright war mit Start und Landung 51,5 m lang. Die gesamte Flugstrecke hätte im Passagierraum einer *Boeing 747-400* Platz gehabt.

Mehr darüber in Leichtbauweise

Berühmte Flüge

Die Geschichte des Fliegens begann 1783 mit dem Heißluftballon der Brüder Montgolfier. Im Jahr 1853 entwarf George Cayley das erste Flugzeug, das schwerer war als Luft. Und fünfzig Jahre später gelang den Brüdern Wright der erste Motorflug. Nur weitere fünf Jahre mußten bis zum ersten Passagierflug vergehen. Louis Blériot überflog 1909 den Ärmelkanal. In den darauffolgenden Jahren wurden die Flugzeuge dauernd verbessert – nicht zuletzt, weil sie auch im Krieg eingesetzt wurden. So konnten die Amerikaner John Alcock und Arthur Brown in einer umgebauten Militärmaschine 1919 den Atlantik überqueren – acht Jahre vor Charles Lindbergh! 1947 durchflog Chuck Yeager mit seiner *Bell X-1* die Schallgrenze. Die Luftfahrt setzte sich immer ehrgeizigere Ziele. Im Jahr 1961 flog der Russe Jurij Gagarin als erster Mensch mit einer Rakete in den Weltraum. Sechs Jahre darauf flog die raketengetriebene *X-15A-2* Weltrekordgeschwindigkeit mit 7 254 km/h.

DIE ERSTEN SCHRITTE AUF DEM MOND
Die Amerikaner Neil Armstrong und Edwin "Buzz" Aldrin landeten am 21. Juli 1969 mit ihrem Mondmodul *Eagle* auf dem Erdtrabanten. Millionen von Zuschauern verfolgten die Mondladung im Fernsehen.

MUSKELKRAFT
Der amerikanische Radsportler Bryan Allen trieb 1977 im ersten Muskelkraftflugzeug der Welt, der *Gossamer Condor*, den Propeller an. Das Flugzeug flog einen Achterkurs von 1,6 km Länge mit einer Geschwindigkeit von 16 km/h. Es hatte 29 m Spannweite, wog 32,7 kg und bestand aus kunststoffüberzogenen Aluminiumröhren und Sperrholzelementen.

PASSAGIERE AN BORD

Im Jahr 1914 nahm eine Fluglinie in Florida die ersten regelmäßigen Flüge von St. Petersburg nach Tampa auf. Das kleine *Benoist*-Wasserflugzeug konnte zwei kleine oder einen großen Passagier transportieren und brauchte 23 Minuten für die 34 km lange Strecke.

FRAUEN IN DER LUFT

Im Jahr 1910 machte die französische Baronesse de Laroche als erste Frau den Pilotenschein. Zwei Jahre später überflog die Amerikanerin Harriet Quimby den Ärmelkanal. Berühmt wurde auch die Amerikanerin Amelia Earhart (oben), die 1932 als erste Frau im Alleinflug den Atlantik überquerte. Weitere Langstreckenpilotinnen waren in den 30er Jahren die Engländerin Amy Johnson, die 19 616 km nach Australien zurücklegte, die Australierin Lores Bonney, die 29 120 km nach Südafrika flog, und die Neuseeländerin Jean Batten, zu deren Pionierleistungen eine Überquerung des Südatlantiks gehörte. 1953 durchbrach die Amerikanerin Jacqueline Cochran als erste Frau die Schallmauer.

DER ERSTE JET

Die deutsche *Heinkel He 178* war 1939 das erste Flugzeug, das von einem Strahltriebwerk angetrieben wurde. Die *He 178* erreichte Geschwindigkeiten von 700 km/h. Das Flugzeug war von großer Bedeutung für die gesamte Luftfahrt, besonders für die Entwicklung von Jagdflugzeugen in den Vereinigten Staaten und Europa.

EIN MEILENSTEIN

Das schlanke *Deperdussin*-Rennflugzeug von 1912 war das modernste Flugzeug seiner Zeit. Der Schalenrumpf war stromlinienförmig und aerodynamisch günstig. Der Franzose Maurice Prévost übertraf mit diesem Flugzeug als erster die Geschwindigkeitsgrenze von 200 km/h.

Mehr darüber in Durch die Schallmauer

DIE ÜBERQUERUNG DES PAZIFIKS

1928 überquerten die Australier Charles Kingsford-Smith und Charles Ulm als erste den Pazifik in einem Flugzeug. Sie kamen mit der *Fokker F-VII B-3M „Southern Cross"* auf eine Durchschnitts-geschwindigkeit von 143 km/h und legten 11 914 km zurück. Um aufzutanken, landeten sie auf Hawaii und den Fidschi-Inseln.

DIE WEISSEN KLIPPEN VON DOVER

Louis Blériot flog in einem Eindecker, der nur von einem 35-PS-Motor angetrieben wurde, von Frankreich nach England. Vor Dover machte er schließlich eine Bruch-landung.

SPIRIT OF ST. LOUIS

Lindberghs Flugzeug, der Eindecker *Ryan NYP „Spirit of St. Louis"*, wurde in nur zwei Monaten eigens für den Trans-atlantikflug gebaut. Für die 5 796 km lange Strecke von New York nach Paris brauchte Lindbergh 33 Stunden und 30 Minuten. Das Cockpit lag hinter einem riesigen Treibstofftank, so daß der Pilot nur mit einem Periskop nach vorne sehen konnte.

· FLUGPIONIERE ·

Die Welt wird kleiner

REKORDFLÜGE

Die 20er und 30er Jahre waren eine aufregende Zeit für die Luftfahrt. Es gab viele Rekordflüge über den Nord- und Südatlantik. Die bedeutendsten sind rechts angegeben.

Als sich die ersten klapprigen Flugzeuge zu zuverlässigen Maschinen entwickelten, die große Entfernungen zurücklegen konnten, begannen die Piloten, von Langstreckenflügen über Land und Wasser zu träumen. Am 25. Juli 1909 überquerte Louis Blériot in 37 Minuten als erster den Ärmelkanal. Er kämpfte gegen Windböen und einen Motor, der heißlief. Bei der über-eilten Landung wurde der Propeller und das Fahrwerk zerschlagen. Der Amerikaner Cal Rodgers überlebte fünf Abstürze auf seiner 84-tägigen Reise, die ihn 1911 quer durch die Vereinigten Staaten führte. Ross und Keith Smith stellten einen außergewöhnlichen Rekord auf: Sie flogen von England 18 396 km nach Australien. 1927 überflog Charles Lindbergh den Atlantik, und ein Jahr später überquerten Charles Ulm und Charles Kingsford-Smith den Pazifik. Mit den heutigen Jets sind die Kontinente keine Tagesreise mehr voneinander entfernt.

FLUG UM DIE WELT IN NEUN TAGEN
Den letzten Langstreckenrekord holten sich 1986 Dick Rutan
und Jeana Yeager, als sie mit ihrem Flugzeug *Voyager*
nonstop in neun Tagen um die Welt flogen.

HÖHENREKORD

Nachdem der Amerikaner Wiley Post im Jahr 1934 die Erde umrundet hatte, wollte er auch den Höhenrekord brechen. Er entwarf dazu den ersten Raumanzug, der noch sehr an einen Taucheranzug erinnerte. Damit konnte er auch in sehr großen Höhen noch atmen. 1934 erreichte er 15 240 m. Post trug diesen Anzug auch, als er die ersten Flüge in Jet-Strömen unternahm, jenen Winden hoch oben in der Atmosphäre, die von den heutigen Flugzeugen genutzt werden.

RUHM UND EHRE
Charles Lindbergh
begann seine Karriere als
Postflieger in den USA.
Nach der Überquerung
des Atlantiks stieg er
zum berühmtesten
Piloten der Welt auf.

Benzintanks

Periskop

Kompaß

Rettungsmaterial
Karten, Messer und Angelgerät

Proviant
Fünf Schinken-
Sandwiches

Motor
Ein luftgekühlter
233-PS-
Wright-Motor

1919 Alcock & Brown	1927 Costes & Le Brix
1919 Commander A.C. Read	1931 Bert Hinkler
1927 Charles Lindbergh	1932 Amelia Earhart
	1935 Jean Batten

27

WEDELL-WILLIAMS
Das *Wedell-Williams*-Rennflug-
zeug gewann 1933 die amerikanische Thompson-Trophäe. Auf
einem von Masten gekennzeich-
neten Kurs brachte es dieses
Rennflugzeug auf eine Durchschnittsgeschwindigkeit von
383 km/h. Die Rennflugzeuge
der 30er Jahre hatten leistungs-
starke Motoren, waren aber nicht
besonders stromlinienförmig.

Luftrennen

Rennen und Wettbewerbe sind eine
Leidenschaft des Menschen. Das erste
Flugzeug der Gebrüder Wright machte
die Menschen mit dem Motorflug bekannt — und
eröffnete gleichzeitig neue Wege, das Leben für Ruhm
und die hohen Preise bei Luftrennen aufs Spiel zu setzen.
1909 gewann der Amerikaner Glenn Curtiss das erste
Luftrennen der Welt, den Gordon-Bennett-Cup. Er flog mit
einem klapprigen, offenen Doppeldecker eine Geschwindigkeit
von 76 Kilometern pro Stunde. Drei Jahre darauf waren die
Flugzeuge schon so weit verbessert, so daß eine *Deperdussin* mit
einer Geschwindigkeit von 174 Kilometern pro Stunde dieses
Rennen gewann. In den 30er Jahren zogen die Luftrennen in den
Vereinigten Staaten große Menschenmengen an, und Piloten wie
Roscoe Turner und Jimmy Doolittle wurden zu Helden. Am ersten
Rennen für Pilotinnen nahmen zweiunddreißig Frauen teil,
darunter Amelia Earhart. Berühmt waren auch die Rennen
um die Schneider-, Thompson- und Bendix-Trophäen.

SCHNEIDER-TROPHÄE
Dieses Wasserrennen fand
in der Lagune von Venedig
über offenem Wasser statt.
Siebenmal mußten die
Piloten einen dreieckigen,
48 km langen Kurs fliegen.

KÄMPFEN UM DEN RUHM
Beim Rennen um die Schneider-
Trophäe kämpft hier eine englische
Supermarine S.5 an einem Wende-
punkt mit einer italienischen *Macchi
M.52*. Beide Maschinen waren strom-
linienförmig und damit sehr schnell.
Die englische Siegermaschine erreichte
eine Durchschnittsgeschwindigkeit
von 454 km/h.

LUFTRENNEN
Der Amerikaner Jimmy Doolittle war einer der besten Rennpiloten. Im Jahr 1925 gewann er die Schneider-Trophäe in einem Wasserflugzeug der US-Army. 1931 holte er sich die Bendix-Trophäe. 1932 stellte er einen Geschwindigkeitsrekord (473 km/h) auf und gewann die Thompson-Trophäe.

BENDIX-TROPHÄE
Diese Trophäe bekam der Gewinner des Langstreckenrennens quer durch die USA, das von 1931 bis 1949 jährlich abgehalten wurden.

SHOWS IN DER LUFT

Nach dem Ersten Weltkrieg verdienten viele arbeitslose Piloten ihren Lebensunterhalt mit Shows. Sie unterhielten die Menschenmassen bei Festen mit spektakulären Darbietungen. Während des Fluges gingen sie auf den Tragflächen spazieren, hingen kopfüber am Fahrwerk oder hüpften von einem Flugzeug aufs andere. Einige spielten sogar Tennis auf den Tragflächen wie die beiden hier auf einem *Curtiss-Jenny*-Doppeldecker.

Durch die Schallmauer

Während des Zweiten Weltkrieges bemerkten viele Piloten, daß ihr Flugzeug bei Geschwindigkeiten um 880 km/h nicht mehr richtig zu steuern war. Die Maschinen wurden so stark geschüttelt, daß manche auseinanderbrachen. Die Piloten näherten sich nämlich der Schallmauer, von der damals viele annahmen, Flugzeuge würden sie nie überwinden können. Jedenfalls wurde sie nach dem Zweiten Weltkrieg zu einer großen Herausforderung. Einige Piloten kamen beim Versuch, die Schallmauer in den ersten Düsenflugzeugen zu durchbrechen, ums Leben. 1947 gelang dieser Durchbruch dem amerikanischen Piloten Chuck Yeager in seiner besonders dafür entworfenen *Bell X-1*, die von einem Raketenmotor angetrieben wurde. Anschließend durchbrach auch eine amerikanische *F-86 Sabre* die Schallgrenze im Sturzflug. Heute stellt die Schallgeschwindigkeit für die *Concorde* und für viele Jagdflugzeuge kein Problem mehr dar.

SCHNELLER ALS DER SCHALL
Die Firma Bell formte den Rumpf ihres Raketenversuchsflugzeugs *X-1* wie eine Gewehrkugel, die mit Überschallgeschwindigkeit fliegt. Das Flugzeug hatte einen Raketenmotor und wurde von *Boeing B-29-* und *B-50-* Bombern gestartet.

FLÄCHENREGEL
Mit der Flächen- oder Querschnittsregel entwirft man strömungsgünstige Rumpfformen von Flugzeugen, um die Schallmauer zu durchbrechen. Die roten Striche auf der *F-102* (oben) zeigen die Breite des Mittelrumpfes an, bevor dieser nach der Flächenregel getrimmt wurde.

STRAHLENDE GLENNIS
In einer Höhe von 13 106 m durchbrach Captain Charles „Chuck" Yeager die Schallgeschwindigkeit mit 1126 km/h. Sein Flugzeug hat er nach seiner Frau *Glamorous Glennis* genannt.

Sensor für Hochgeschwindigkeit
Dieser Sensor sammelt Informationen über den Luftdruck.

DIE SCHALLGRENZE
Beim Flug erzeugt ein Flugzeug Druckwellen, die sich mit Schallgeschwindigkeit nach allen Richtungen ausbreiten.

UNTERSCHALL: UNTER MACH 1
Das Flugzeug fliegt langsamer als der Schall. Die Schallwellen breiten sich auch nach vorne aus.

Cockpit
In der Druckkabine ist nur für einen Piloten Platz.

Waagrechter Stabilisator
Er gibt dem Flugzeug beim Annähern an die Schallmauer Stabilität.

Raketenabgase
Der Raketenmotor verbrennt flüssigen Sauerstoff und Alkohol. Er entwickelt einen Schub von 2 722 kg.

Flügel
Die Flügel sind kurz und dünn, um den Luftwiderstand bei hoher Geschwindigkeit zu verringern.

Rumpf
Der Rumpf der *Bell X-1* war wie eine Gewehrkugel geformt.

MACHZAHLMESSER
Der Machmeter gibt die Fluggeschwindigkeit in Prozent der Schallgeschwindigkeit an. Diese schwankt mit der Temperatur. So entspricht Mach 1,0 in 12 200 m Höhe, wo es sehr kalt ist, 1 060 km/h.

SCHON GEWUSST?
Donnerschlag und Gewehrschuß sind Geräusche, die beim Durchbrechen der Schallmauer entstehen. Bei ihnen verdichten sich die Schallwellen zu einem sehr hohen Knall.

TESTPILOTEN
Testpiloten müssen Geschicklichkeit und Mut haben. Jedes neue Flugzeug — ob Hängegleiter, Jumbo-Jet, Jagdflugzeug oder Spaceshuttle — muß in der Luft auf Sicherheit und Zuverlässigkeit getestet werden. Testpiloten führen die waghalsigsten Flugmanöver durch, um nachzuweisen, daß das Flugzeug unter allen Umständen sicher ist. Einen Teil der Testarbeiten übernehmen Supercomputer, die das Flugverhalten neuer Modelle simulieren können. Doch muß heute noch jedes Modell von Testpiloten geflogen werden.

SCHALL: MACH 1
Das Flugzeug fliegt so schnell wie der Schall. Die Schallwellen verdichten sich zu einer Schockwelle.

ÜBERSCHALL: ÜBER MACH 1
Das Flugzeug zieht die Schockwelle wie einen Kegel hinter sich her. Auf der Erde hören wir einen Knall.

31

Flugmanöver

Die unsichtbare Kraft, die ein Flugzeug abheben läßt, kommt durch die Luftströmungen an den Tragflächen zustande. Wegen der Wölbung des Flügels entsteht an der Oberseite ein Unterdruck, der einen Sog ausübt und die Tragfläche nach oben zieht. An der Flügelunterseite staut sich die Luft, und es bildet sich ein Überdruck. Dieser Staudruck hebt die Tragfläche an. Sog und Staudruck ergeben zusammen den Auftrieb, eine der vier Kräfte, die auf ein Flugzeug einwirken. Er ist dem Gewicht entgegengesetzt. Der Motor erzeugt den Vortrieb, dem der Luftwiderstand entgegenwirkt. Mit zunehmender Fluggeschwindigkeit wächst dieser stark an. Ein Flugzeug muß stabil, glatt und sicher in der Luft fliegen. Dazu tragen das Leitwerk und die leicht V-förmig angeordneten Tragflügel bei. An den Flügeln und am Leitwerk hinten befinden sich die Ruder. Sie verändern die Luftströmung, und der Pilot kann mit ihrer Hilfe Bewegungen um drei Achsen ausführen.

Seitenflosse

Höhen-
flosse

Gestänge
Sie verbinden das Seitenruder mit den Pedalen und das Höhenruder mit dem Steuerknüppel.

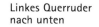

Linkes Querruder
nach unten

NICKEN
Bewegt der Pilot die Höhenruder nach oben, steigt die Nase des Flugzeugs über den Horizont, und es beginnt mit dem Steigflug. Das Seitenruder und die Querruder sind in neutraler Stellung. Beim Sinkflug klappt der Pilot die Höhenruder nach unten. Diese Auf- und Abbewegung um die Längsachse heißt „Nicken".

KURVENFLUG
Bewegt der Pilot die Querruder, dann rollt das Flugzeug um die Längsachse. Höhen- und Seitenruder befinden sich dabei in neutraler Stellung.

Rechtes Quer-
ruder nach oben

Höhenruder nach oben

ANSTELLWINKEL
Der Anstellwinkel gibt an, in welchem Winkel die Luft auf den Tragflügel trifft. Wird das Flugzeug langsamer, so muß es diesen Winkel erhöhen, um genügend Auftrieb zu erzeugen. Bei einem Winkel von 14 Grad geht der Auftrieb verloren, weil die Strömung abreißt.

KLEINER ANSTELLWINKEL
Bei hohen Geschwindigkeiten ist nur ein Anstellwinkel von ungefähr 4 Grad nötig, um genügend Auftrieb zu haben.

GROSSER ANSTELLWINKEL
Bei geringer Geschwindigkeit muß der Anstellwinkel vergrößert werden, um denselben Auftrieb zu erhalten.

ABREISSWINKEL
Bei ungefähr 14 Grad wird die Luftströmung über dem Flügel turbulent und reißt ab. Der Pilot spricht dann von Überziehen.

Rumpf
Im Rumpf des Flugzeugs finden Cockpit und Motor Platz. Der Rumpf ist stromlinienförmig ausgebildet, um den Luftwiderstand möglichst gering zu halten.

Steuerknüppel
Bewegt der Pilot das Steuer vor- und rückwärts, dann betätigt er das Höhenruder. Mit seitlichen Bewegungen betätigt er die Querruder.

Propeller
Die Flügel des Propellers sind wie Tragflächen geformt. Sie erzeugen mit ihrer Drehung den Vortrieb.

Pedale
Mit Pedalen steuert der Pilot die Seitenruder und Radbremsen.

DIE RUDER
Der Pilot steuert die Querruder, die Höhenruder und das Seitenruder mit Hilfe des Steuerknüppels und der Pedale. Mit diesen drei Rudern kann das Flugzeug Bewegungen um seine Längsachse, Querachse und Hochachse durchführen.

Seitenruder nach rechts

RECHTSKURVE
Das linke Querruder schaut nach unten, das rechte nach oben. Gleichzeitig ist das Seitenruder nach rechts verschoben. Dadurch fliegt das Flugzeug eine Rechtskurve. Die seitliche Bewegung, die mit dem Seitenruder allein erreicht wird, heißt „Gieren".

KLAPPEN
Beim Landen spreizen die Vögel ihre Federn und verändern so die Flügelform. Piloten tun im Prinzip dasselbe, wenn sie die Klappen an den hinteren Enden der Tragflächen ausfahren. Diese erzeugen zusätzlichen Vortrieb und erlauben es großen Flugzeugen, mit geringer Geschwindigkeit zu landen und zu starten.

Auftrieb

Luftwiderstand

Gewicht

Vortrieb

VIER KRÄFTE WIRKEN EIN
Wenn ein Flugzeug mit konstanter Geschwindigkeit und Höhe geradeaus fliegt, halten sich Auftrieb und Gewicht die Waage. Der Vortrieb muß aber größer sein als der Luftwiderstand, weil das Flugzeug sonst nicht vorwärtskommt.

Mehr darüber in Flughäfen

Im Cockpit

LEISTUNGSHEBEL
Mit acht Hebeln steuert der Pilot die acht Motoren eines riesigen *B-52*-Bombers.

BLICK AUS DER PILOTENKANZEL
Die englischen *Spitfires* spielten bei den Luftkämpfen des Zweiten Weltkrieges eine große Rolle. Die Instrumente und Schalter in diesem *Spitfire*-Cockpit ähneln denen von modernen kleinen Flugzeugen.

Das Steuerzentrum des Flugzeugs ist das Cockpit. Es ist voller Schalter, Instrumente und Computer. Der erste Motorflieger, Orville Wright, hatte nichts von alledem. Er lag auf den unteren Flügeln und schaute zum Horizont, um die Position seines Flugzeugs abschätzen zu können. Die ersten Piloten orientierten sich nach Merkmalen des Erdbodens, die sie auf Karten verzeichnet fanden. Heute brauchen Flugzeugführer den Boden nicht zu sehen. Sie verwenden Navigationssysteme, die mit mehreren Satelliten in Verbindung stehen, während der computergesteuerte Autopilot das Flugzeug viel genauer fliegt, als es ein Mensch jemals tun könnte. Die modernsten Anzeigen verfügen über Bildschirme und Displays, die dem Piloten jegliche Information liefern.

Flugstunden auf Strahlflugzeugen sind sehr teuer. Deswegen verwendet man heute Simulatoren, um die Piloten zu trainieren und sie mit allen möglichen Notfällen vertraut zu machen. Die Simulatoren ähneln dem Cockpit eines Flugzeugs. Es sind alle Instrumente und Schalter vorhanden.
Ein Computer projiziert Bilder auf die Frontscheibe wie bei einem riesigen Videospiel.

Boeing 747
Die Besatzung dieses Flugzeugs sitzt in einem großzügigen Cockpit und hat Computer sowie bis zu 971 leicht abzulesende Instrumente vor sich.

NAVIGATIONSBILDSCHIRM
Der Bildschirm zeigt die Lage des Flugzeugs auf einem Radarbild des Bodens. Außerdem sind die Geschwindigkeit des Flugzeugs, der Treibstoffverbrauch sowie Zeit und Entfernung zur nächsten Position auf der Flugroute angegeben.

BLINDFLUGANZEIGE
In modernen Flugzeugen sind alle Anzeigen, die man für den Blindflug benötigt, auf diesem einzigen Bildschirm vereinigt. Er ersetzt damit eine ganze Instrumententafel früherer Flugzeuge.

Flughäfen

D</br>ie ersten Flughäfen bestanden meist nur aus einem großen grasbewachsenen Feld. Darauf standen ein paar kleine Gebäude, ein Hangar und ein drehbarer Suchscheinwerfer, der den Piloten bei schlechtem Wetter den Weg wies. Heute sind große Verkehrsflughäfen fast kleine Städte, umgeben von Rollbahnen sowie von Start- und Landebahnen. Diese können über vier Kilometer lang sein. Der Flughafen mit dem meisten Flugverkehr der Welt ist der O'Hare Airport in Chicago. Auf ihm landen und starten täglich über 2 000 Flugzeuge. Den Strom der an- und abfliegenden Maschinen lenken die Fluglotsen im Tower an den Radarschirmen. Dieses Flugaufkommen bedeutet auch, daß Tag für Tag fast 200 000 Passagiere und riesige Mengen an Gepäck abgefertigt werden müssen. Das Bodenpersonal, das die Maschinen wartet und für die Sicherheit sorgt, hat mehr als genug zu tun.

EIN LABYRINTH
Damit der Luftverkehr ungehindert fließt, haben Flughäfen mit hohem Flugaufkommen wie der San Francisco International Airport ein Netz von Rollbahnen, Start- und Landebahnen.

KONTROLLTURM
Vom Tower aus hat man eine sehr gute Übersicht über den Flughafen und den darüberliegenden Luftraum. Die Fluglotsen steuern die Bewegungen aller Flugzeuge auf dem Boden und im Luftraum in der Nähe des Flughafens.

Warteschleife
Bis zur Landeerlaubnis drehen Flugzeuge Schleifen in vorgeschriebener Höhe.

Äußerer Markierungssender
Er sagt dem Piloten, daß er noch 8 km vom Aufsetzpunkt entfernt ist.

Innerer Markierungssender
Der Pilot ist 1 km vom Aufsatzpunkt entfernt.

BLINDLANDESYSTEM

B</br>ei schlechtem Wetter verwenden die Piloten das Instrumentenlandesystem (ILS), mit dem sie blind landen können. Vom Aufsetzpunkt auf der Landebahn werden zwei flächenförmige Radiowellen abgestrahlt, die Gleitwegebene und die Kursleitebene. Wenn der Pilot der Schnittlinie zwischen den beiden Ebenen folgt, fliegt er genau auf die Landebahn zu, selbst wenn er sie bis kurz vor dem Aufsetzen gar nicht sieht.

Gleitwegebene
Sie führt den Piloten im richtigen Winkel auf die Landebahn zu.

Kursleitebene
Sie führt den Piloten genau in Richtung auf die Landebahn.

Landebahnschwelle
An dieser Stelle sollte der Pilot die Landebahn erkennen können.

STRESS
Das Bodenpersonal tummelt sich um den Airbus, der 375 Passagiere aufnehmen kann. In 90 Minuten muß das Flugzeug entladen, gereinigt, mit Essen und Trinken, Treibstoff und neuer Fracht beladen sein.

SCHON GEWUSST?
Während des Starts und der Landung sind die Reifen großer Flugzeuge ungeheuren Belastungen ausgesetzt. Durch die Reibungswärme können sie Feuer fangen. Um dies zu verhindern, werden sie mit flüssigem Stickstoff gefüllt, der nicht brennt.

Toilettenwagen
Er saugt Abfälle aus den Flugzeugtoiletten ab.

Fahrtreppen
Sie ermöglichen dem Bodenpersonal den Zugang zur Kabine.

Reinigungsmannschaft
Sie sorgt für die Reinigung des Flugzeugs und entfernt Abfall vom vorangegangenen Flug.

Tankwagen
Der Tankwagen pumpt Treibstoff von unterirdischen Zisternen über Zapfstellen ins Flugzeug.

Förderband
Auf diesem Weg gelangen spät eingelieferte und sperrige Gepäckstücke in den Flugzeugrumpf.

Fluggastbrücke
Sie verbindet das Flugzeug mit dem Terminal.

Förderwagen
Sie transportieren das Gepäck der Passagiere zwischen Flugzeug und Terminal.

Frischwasserwagen
Er füllt die Wassertanks des Flugzeugs auf.

Hebebühnen
Sie heben schwere Lasten an, um sie ins Flugzeug zu rollen.

Schlepper
Er zieht oder schiebt das Flugzeug zur Rollbahn.

Catering-Fahrzeug
Es versorgt das Flugzeug mit vorbereiteten Mahlzeiten und Getränken.

Bodenstromgerät

37

Luftschiffe

D as erste Luftschiff war ein wurstförmiger Ballon, den der Franzose Henri Giffard 1852 baute. Er stattete ihn mit einer kleinen Dampfmaschine und einem Seitenruder aus. Dieses Luftschiff flog 27 Kilometer weit, doch die Motorleistung reichte nicht aus, um gegen den Wind zu fliegen. Im Jahr 1900 baute Ferdinand Graf Zeppelin das erste Starrluftschiff. Es war länger als ein Fußballfeld und besaß ein leichtes Innengerüst mit großen Gaszellen. Diese waren mit Wasserstoff, einem hochentzündlichen Gas, gefüllt. Von 1910 bis 1913 beförderte die Zeppelinflotte über 30 000 Passagiere. Während des Ersten Weltkrieges wurden die Luftschiffe auch für nächtliche Luftangriffe auf London eingesetzt. Nach dem Krieg flogen die beiden Verkehrsluftschiffe *Graf Zeppelin* und *Hindenburg* Tausende von Passagieren über den Atlantik – bis 1937. Da explodierte die *Hindenburg* bei der Landung in Lakehurst in Nordamerika. Dieses Unglück bedeutete zugleich auch das Ende für die Luftschiffahrt.

EIN DRAMATISCHES ENDE
Bei einem Landemanöver in Lakehurst in New Jersey in den Vereinigten Staaten fing die *Hindenburg* durch elektrische Aufladung Feuer und brannte innerhalb weniger Sekunden lichterloh. Erstaunlicherweise wurden von den 97 Personen an Bord noch 62 gerettet.

STILVOLLES REISEN
Die *Graf Zeppelin*, das erfolgreichste Luftschiff aller Zeiten, besaß fünf Motoren und flog 128 km/h.

Gaszellen
16 Gaszellen waren mit dem leichten Gas Wasserstoff gefüllt.

Spanndraht

Längs- und Querträger
Das Gerüst des Luftschiffes bestand aus 52 runden Querträgern und 28 Längsträgern.

Seitenruder
Die Seitenruder waren an der senkrechten Stabilisierungsfläche angebracht. Die untere Flosse enthielt auch eine Bedienerstation für Notfälle.

Höhenruder
Die Höhenruder, die für den Steig- oder Sinkflug verwendet wurden, befanden sich auf der waagrechten Stabilisierungsfläche.

Motorgondel

Toiletten

Schlafzimmer

Salon/
Speisesaal

Funk-
raum

Kartenraum

Badezimmer

Eingang

Küche

Cockpit

DIE PASSAGIERGONDEL

Die Hauptkabine oder Gondel der *Graf Zeppelin* beherbergte das Cockpit für den Piloten sowie die Räume für die Passagiere. Es gab zehn Kabinen, jede mit zwei Betten und großem Fenster, ferner Badezimmer und einen Salon, der auch als Speisesaal diente. Die Besatzung hatte ihre Quartiere im Inneren des Rumpfes. 1920 kostete die Reise in dem luxuriösen Luftschiff über den Atlantik soviel wie ein kleines Haus.

Hülle
Zur Gewichts-
ersparnis wurde das
Leichtmetallgerippe
nur mit bemaltem
Stoff überzogen.

Macon
Dieses Luftschiff der amerikanischen Marine wurde 1933 für Patrouillen gebaut.

Graf Zeppelin
Sie machte ihren Jungfernflug 1928 und konnte 20 Passagiere aufnehmen.

R-34
Dieses Luftschiff überquerte 1919 erstmals den Nordatlantik.

Norge
Die Polarforscher Nobile und Amundsen fuhren in diesem Luftschiff 1926 zum Nordpol.

Boeing 747-400
Sie nimmt 19mal so viele Passagiere auf wie die *Graf Zeppelin*.

Santos-Dumont
Der Brasilianer Alberto Santos-Dumont fuhr 1901 mit diesem Luftschiff um den Eiffelturm.

Passagier-
gondel

39

Wasserflugzeuge

ZU WASSER UND IN DER LUFT
Die Fluglinie Pan Am nannte ihre Flugboote „Clipper" nach den schnellen Segelschiffen, die ein Jahrhundert zuvor die Meere befahren hatten.

Die 30er Jahre waren die große Zeit der Wasserflugzeuge. Damals galten die Motoren noch als unzuverlässig, und die Menschen glaubten, diese Flugzeuge wären sicherer. Die luxuriösen Flugboote, die bald mit den Passagierschiffen in Konkurrenz traten, ermöglichten schnelle Reisen von Kontinent zu Kontinent. Allerdings war ein solcher Flug nicht gerade billig. Viele Fluglinien boten ihre Dienste auch außerhalb von Europa und Nordamerika an. Die *Boeing 314 Clipper* war das größte Flugzeug in jener Zeit. Es konnte 74 Passagiere und eine achtköpfige Besatzung aufnehmen und hatte 40 Liegeplätze. Einige Wasserflugzeuge wurden noch während des Zweiten Weltkrieges auf die Suche nach Unterseebooten geschickt, doch das war zugleich auch der letzte Einsatz der schwimmenden Flugzeuge. Die Landflugzeuge waren nun viel besser, und überall auf der Welt gab es Flugplätze.

Salon und Speisesaal
Während der Mahlzeiten wurde der Salon zu einem Restaurant, in dem Kellner servierten.

Motoren
600-PS-Doppel-Sternmotoren

Zugang zu den Flügeln
Der Flugingenieur konnte hier kleinere Reparaturen während des Fluges durchführen.

Funker

KOMFORT
Die riesige *Boeing 314* besaß vier Motoren und konnte mit einer Geschwindigkeit von 280 km/h fliegen. Sie hatte eine Reichweite von 5 600 km.

Anker
Wenn es keine Anlegestelle gab, wurde ein Schiffsanker verwendet.

Küche
Die Mahlzeiten wurden an Bord gekocht. Heute werden sie in der Mikrowelle nur aufgewärmt.

Schwimmer
Sie stabilisierten das Flugzeug auf dem Wasser und dienten auch als Treibstofftanks.

EIN MISSERFOLG
Das neunflügelige Flugboot *Caproni Noviplano* sollte 100 Passagiere transportieren. Statt dessen fiel es beim ersten Testflug 1921 vom Himmel.

40

WASSERFLUGZEUGE

Amphibienflugzeug
Es hat ein einziehbares Fahrwerk und kann auf dem Land und auf dem Wasser starten.

Schwimmerflugzeug
Es operiert nur vom Wasser aus und hat dazu Schwimmer.

Flugboot
Der große Rumpf ist wie der eines Bootes geformt.

WELTWEITE REISEN

Flugboote flogen als erste quer über die Ozeane. Vorreiterin war in der Mitte der 30er Jahre die amerikanische Fluglinie Pan Am. Ihre *Commodore* und die *S-42* flogen nach Südamerika, während die *Martin M-130* den Pazifik überquerte. 1939 flog die *Short Empire* zwischen England und Australien. 1939 wurde die *Boeing 314 „Yankee Clipper"* auf Transatlantikflügen eingesetzt. Die *Catalina* fand im Zweiten Weltkrieg Verwendung.

Boeing 314

Short Empire

Consolidated PBY Catalina

Southampton
San Francisco
Karachi
Honolulu
Hong Kong
Miami
Bolama
Rio de Janeiro
Perth
Auckland
Buenos Aires

Martin M-130

Sikorsky S-42

Consolidated Commodore

Leitwerk
Die drei Seitenruder sorgten für besondere Stabilität.

Luxuskabine
Diese großzügige Kabine in der Ersten Klasse bot allen Komfort.

Salon

Ruder
Mit diesem Ruder wurde das Flugzeug auf dem Wasser gesteuert.

Kabine
Die Kabinen ließen sich durch heruntergeklappte Betten in Schlafquartiere umwandeln.

EINE WICHTIGE FAHRT
Dieses *Martin-Mars-Flugboot* wird heute verwendet, um Waldbrände zu bekämpfen. Es fliegt die Wasserfläche entlang und nimmt dabei 275 000 Liter Wasser auf.

1919 Junkers F13
Das erste Flugzeug ganz aus Metall. Es hatte 4 Sitze und erreichte 168 km/h.

1925 Fokker VIIA-3M
Dieses achtsitzige Flugzeug hatte als eines der ersten drei Motoren und erreichte 185 km/h Geschwindigkeit.

1933 Boeing 247D
Das erste stromlinienförmige Flugzeug mit einziehbarem Fahrwerk konnte 10 Passagiere bei 320 km/h befördern.

1936 Short Empire
Dieses Flugboot bediente die Strecke England-Australien. Es hatte 24 Sitze und flog 320 km/h.

LANDUNG IM BUSCH
Die Bewohner der Stadt Winton im australischen Busch eilen zum Weltkriegs-Doppeldecker *BE2*, den die Fluglinie Quantas 1922 einsetzte.

FLUGGEPÄCKKONTROLLE
Zur Sicherheit wird das Gepäck der Passagiere vor dem Verladen geröntgt. Dabei werden auch Schußwaffen entdeckt wie die Pistole in diesem Koffer.

LOCKHEED ELECTRA
Dieses Kurzstreckenflugzeug nahm 1934 seinen Dienst auf und konnte 12 Passagiere befördern.

FLUGBEGLEITERINNEN
Im Jahr 1930 stellte die Fluglinie United Airlines die ersten Stewardessen ein. Sie waren alle Krankenschwestern und unter 25 Jahre alt.

Triebwerke
Die beiden Strahltriebwerke arbeiten sehr ruhig. Jedes erzeugt einen Schub von 34 473 kg – bei der *Boeing 747* waren es nur 25 401 kg.

Luft

Fahrwerk
Ein eigenes System überwacht den Reifendruck und die Temperatur der Bremsen.

Passagierflugzeuge

Heute ist es eine Selbstverständlichkeit, für längere Strecken das Flugzeug zu benutzen. Eine *Boeing 747-400* befördert bis zu 400 Passagiere im Nonstop-Flug über den Pazifik. Das erste Linienflugzeug jedoch war ein kleines Flugboot, in dem höchsten zwei Passagiere Platz fanden. Im Jahr 1914 nahm es den Dienst zwischen St. Petersburg und Tampa in Florida auf. In den frühen 20er Jahren baute man die Bomber aus dem Ersten Weltkrieg in Passagierflugzeuge um. Doch bald gab es eigene Verkehrsflugzeuge wie die *Junkers F13* und die *Fokker VIIA-3M*. In den 30er Jahren bauten die Amerikaner schnelle, bequeme Passagierflugzeuge ganz aus Metall, etwa die *DC-3*. 1952 nahm der erste Passagier-Jet, eine englische *de Havilland Comet*, den Liniendienst auf. Bald darauf flog die *Boeing 707* überall auf der Welt. Flugreisen wurden nun billiger und immer beliebter. Im Jahr 1969 brachte die Firma Boeing den ersten Jumbo-Jet, die *Boeing 747*, auf den Markt. In diesem erfolgreichsten Flugzeug aller Zeiten werden bis zum Jahr 2000 über drei Milliarden Menschen einmal geflogen sein.

EIN FLUGZEUG MIT ARMLEHNEN
Die Kabine dieser *Heracles* sollte genauso luxuriös und komfortabel sein wie ein Eisenbahnabteil erster Klasse.

BOEING 777
Dieses schlanke zweimotorige Verkehrsflugzeug kommt 1997 auf den Markt. Es wird 440 Passagiere aufnehmen, weniger Treibstoff verbrauchen und leiser sein als die *B-747*.

Frontscheibe
Eine wasserabstoßende Beschichtung verbessert die Sichtverhältnisse bei Regen.

Klimaanlage
Die Luft in der Kabine wird dauernd mit Frischluft angereichert.

Erste-Klasse-Sitze
Durch Knopfdruck kann der Passagier die Sitze verstellen, die Lehne zurückklappen und einen Fußschemel ausfahren.

EIN ZWITTER
1925 entwarf Juan de la Cierva den Autogiro, ein Mittelding zwischen Flugzeug und Hubschrauber. Der Autogiro konnte zwar nicht in der Luft stehenbleiben, aber extrem langsam fliegen.

Hubschrauber

Hubschrauber können vorwärts, rückwärts und seitwärts fliegen, in der Luft stehenbleiben und auf kleinsten Flächen landen. Sie haben viele Vorteile im Vergleich zu normalen Flugzeugen. Die erste Idee zu einem solchen Fluggerät hatte schon Leonardo da Vinci (1452 bis 1519). Sein „Hubschrauber" war eine Art Luftschraube. Vierhundert Jahre später flog Paul Cornu als erster in einem Helikopter. In den 30er Jahren wurden auch in Deutschland erfolgreiche Hubschrauber mit zwei Hauptrotoren gebaut. Nach dem Zweiten Weltkrieg konstruierte der Amerikaner Igor Sikorsky den heute üblichen Hubschrauber mit einem Hauptrotor und einem Hilfsrotor am Heck. Hubschrauber sind inzwischen ein Teil unseres Lebens geworden. Man verwendet sie für die Überwachung des Verkehrs, den Krankentransport, die Rettung von Schiffbrüchigen, die Verfolgung von Verbrechern und bei der Bergwacht.

RETTUNG AUS SEENOT
Der Pilot läßt diese *Bell JetRanger* an Ort und Stelle schweben, während ein Helfer einen verunglückten Segler mit der Winde an Bord hievt. Das Schweben ist ein ziemlich schwieriges Manöver, besonders bei Wind.

Steuerknüppel
Mit dem Steuerknüppel kippt der Pilot den Rotor und wählt dadurch die Flugrichtung.

Blattverstellhebel
Mit diesem Hebel verändert der Pilot den Anstellwinkel der Rotorblätter. Dadurch kann der Hubschrauber steigen oder sinken.

DER GROSSE AUGENBLICK
Im Jahr 1907 schwebte der Franzose Paul Cornu 20 Sekunden lang in 30 cm Höhe in der Luft. Seine Maschine brach jedoch bei der harten Landung auseinander.

Seitensteuerpedale
Mit Seitensteuerpedalen am Heckmotor ändert man den Seitenschub.

EIN PIONIER
Igor Sikorsky am Steuer seiner *VS-300*. Dies war der erste wirklich einsetzbare Hubschrauber.

42

Hauptrotor
Der Hauptrotor besteht aus sich drehenden Tragflächen, die den Auftrieb erzeugen.

Heckrotor
Der Heckrotor verhindert, daß sich der Hubschrauber in die entgegengesetzte Richtung wie der Hauptrotor dreht..

Rettungswinde
Mit dieser elektrisch betriebenen Winde hievt man Verunglückte an Bord.

WIE EIN HUBSCHRAUBER FLIEGT

Der Hauptrotor erzeugt durch sein Tragflächenprofil den Auftieb und dient der Steuerung. Er ist mit dem Steuerknüppel und dem Blattverstellhebel verbunden. Mit den Seitensteuerpedalen verändert der Pilot den Anstellwinkel des Heckrotors. Er trägt zur Steuerung bei und verhindert, daß sich der Hubschrauber dreht.

Steigflug
Der Pilot hebt den Blattverstellhebel an. Dadurch vergrößert sich der Anstellwinkel der Rotorblätter, bis der Auftrieb größer ist als das Gewicht des Hubschraubers.

Sinkflug
Der Pilot senkt den Blattverstellhebel. Der Anstellwinkel der Rotorblätter wird flacher, bis der Auftrieb geringer ist als das Gewicht des Hubschraubers.

Vorwärtsflug
Der Pilot schiebt den Steuerknüppel nach vorne. Die Taumelscheibe kippt nach vorne, so daß insgesamt ein Vortrieb zustandekommt.

Seitwärtsflug
Der Pilot bewegt den Steuerknüppel zur Seite. Die Taumelscheibe bewegt sich in die entsprechende Richtung, so daß die Rotoren eine seitwärts gerichtete Kraft erzeugen.

ERKENNUNGSMERKMALE
Die Seitenflossen tragen die Symbole der verschiedenen Luftlinien oder Nationen.

STURMWARNUNG
Die Piloten können mit ihrem Wetterradar an Bord Stürme und Turbulenzen
vorher-
sehen.

FLUGSICHERUNG
Dieses Bild eines Radarschirms der Flugsicherung zeigt, wie die Maschinen in mehreren Luftkorridoren fliegen. Die Symbole geben die Positionen der einzelnen Flugzeuge an.

EINE RIESENFABRIK
Die Firma Boeing baut ihre Flugzeuge im größten Gebäude der Welt in der Nähe von Seattle, USA. Der umbaute Raum der Fabrikhalle beträgt über 14 Millionen Kubikmeter.

GRUNDRISS
Die *Boeing 777* kann bei einer Einteilung von drei Klassen 302 Passagiere aufnehmen. Wenn alle Passagiere in der Touristenklasse (Economy class) fliegen, haben 440 Menschen Platz.

Business class | Touristenklasse

46

1943 Lockheed Constellation
Das beste von Kolbenmotoren angetriebene Flugzeug. Es hatte 54 Sitze und erreichte 450 km/h.

1948 Vickers Viscount
Das erste Verkehrsflugzeug mit einer Turboprop-Maschine. Es hatte 47 Sitze und erreichte 506 km/h.

1949 de Havilland Comet 1
Das erste Passagierflugzeug mit Strahltriebwerken. Es hatte 44 Sitze und reiste mit 784 km/h

1957 Boeing 707-120
Das erfolgreichste Linienflugzeug vor dem Jumbo-Jet. Es beförderte 143 Passagiere mit 906 km/h.

GROSSRAUMFLUGZEUGE

Großraum-Jets wie die *Boeing 777* und *747* können mehr Ladung aufnehmen als die schmale *B-767*. Um mehr Platz für Passagiere zu bekommen, ist es besser, den Rumpf zu verbreitern, als ihn zu verlängern. Der breitere Rumpf hat keine Auswirkungen auf die Stabilität des Flugzeugs.

VON OBEN GESEHEN
Die *Boeing 777* ist kleiner als *B-747*. Sie hat weniger Motoren und fliegt ruhiger als die B-747.

LUFTKORRIDORE

Ein System unsichtbarer Bahnen in der Luft hilft mit, die Flugbewegungen zu kontrollieren. Die Korridore sind auf Flugstreckenkarten verzeichnet. Entfernungen gibt man in Seemeilen (sm), Höhen in Fuß (ft) an. Flugzeuge müssen in 60 Seemeilen (111 km) Abstand aneinander vorbeifliegen. Fliegen sie in derselben Richtung und Höhe, müssen sie 80 Seemeilen (148 km) Abstand halten. Bei gleicher Flugrichtung, aber unterschiedlichen Höhen, müssen Flugzeuge 4 000 Fuß (1 219 m) voneinander entfernt sein. Bei entgegengesetzter Flugrichtung in Höhen über 30 000 Fuß (9 144 m) beträgt der Abstand 2 000 Fuß (610 m).

2 000 ft Abstand

4 000 ft Abstand

30 000 ft Höhe

Treibstofftanks
Die Tanks der *B-777* fassen 117 335 Liter Flugbenzin.

Ein Flügelknick
Die *B-777* kann auch überfüllte Flugplätze nutzen, weil der Pilot auf dem Boden 7 m von der Flügelspitze einklappen kann.

Frachtraum
Auf langen Flügen kann ein Teil des Frachtraums in einen Aufenthaltsraum mit Liegeplätzen für die Besatzung umgewandelt werden.

Touristenklasse

Erste Klasse

45

Flugeinsätze

EIN WEITER BLICK
Die langsam fliegende *Edgley EA 7 Optica* hat ein gläsernes Cockpit. Sie eignet sich gut für Suchflüge.

D ie ersten Piloten waren sehr erfinderisch, wenn es darum ging, die neuen Flugmaschinen zu nutzen. Der Franzose Henri Pequet eröffnete 1911 einen Postdienst in Indien. Zwei Wochen darauf wurden in Frankreich, Italien und den USA ähnliche Unternehmen gegründet. Während des Ersten Weltkrieges baute eine französische Gesellschaft einen riesigen Doppeldecker, der einen mobilen Operationssaal enthielt. Das Flugzeug landete mitten auf den Schlachtfeldern. An Bord waren Chirurgen und Krankenschwestern, die Notoperationen durchführten. Bereits 1924 begann man in den USA damit, Getreidefelder vom Flugzeug aus mit Pflanzenschutzmitteln zu besprühen. Als in Neuguinea Goldminen abgebaut wurden, sorgten Buschpiloten für den Nachschub. Sie landeten mit *Junkers*-Eindeckern auf schmalen Pisten, die in den Regenwald geschlagen wurden. Die Einsatzmöglichkeiten moderner Flugzeuge sind nahezu unbegrenzt. Heute bekämpft man mit Flugzeugen Waldbrände, treibt Herden zusammen oder versorgt Katastrophengebiete aus der Luft.

BEOBACHTUNG AUS DER LUFT
Schnelle *Falcon*-Jets und andere besonders ausgerüstete Flugzeuge überwachen die Küsten Nordamerikas.

SCHWEBENDE HIRTEN
Mit Hubschraubern lassen sich Pferde- und Rinderherden leicht zusammentreiben.

EIN LASTESEL
Die riesige *Hercules* ist das bekannteste Frachtflugzeug. Die große Klappe hinten erleichtert das Be- und Entladen. Sie kann während des Fluges geöffnet werden, um Nachschub an Fallschirmen abzuwerfen. Diese Maschine beliefert gerade ein Hungergebiet in Afrika mit Nahrungsmitteln.

48

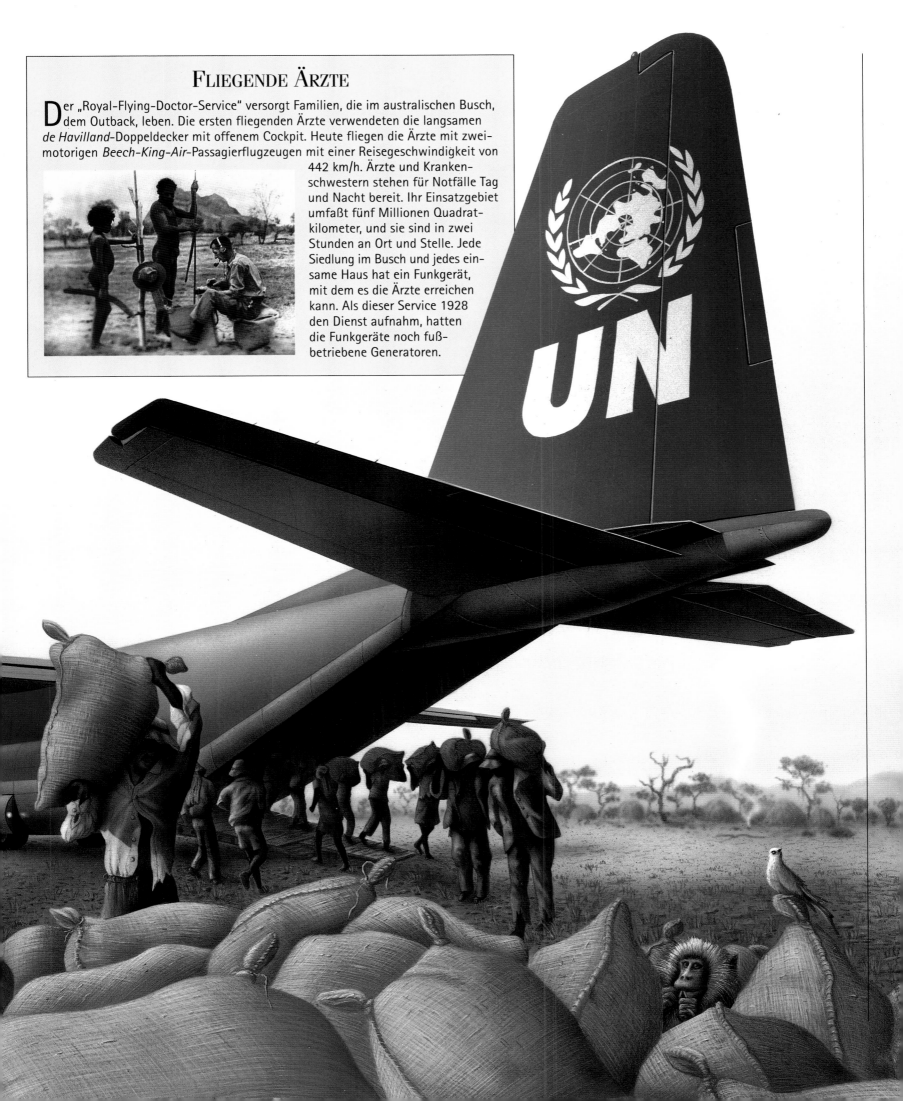

FLIEGENDE ÄRZTE

Der „Royal-Flying-Doctor-Service" versorgt Familien, die im australischen Busch, dem Outback, leben. Die ersten fliegenden Ärzte verwendeten die langsamen *de Havilland*-Doppeldecker mit offenem Cockpit. Heute fliegen die Ärzte mit zweimotorigen *Beech-King-Air*-Passagierflugzeugen mit einer Reisegeschwindigkeit von 442 km/h. Ärzte und Krankenschwestern stehen für Notfälle Tag und Nacht bereit. Ihr Einsatzgebiet umfaßt fünf Millionen Quadratkilometer, und sie sind in zwei Stunden an Ort und Stelle. Jede Siedlung im Busch und jedes einsame Haus hat ein Funkgerät, mit dem es die Ärzte erreichen kann. Als dieser Service 1928 den Dienst aufnahm, hatten die Funkgeräte noch fußbetriebene Generatoren.

Cockpit
oder Flugdeck

Vorderes Fahrwerk

Reibungswärme
Die helle Außenhülle aus Aluminiumlegierung verhindert, daß die *Concorde* sich während des Fluges zu sehr erwärmt. Sie kann nicht schneller fliegen als Mach 2,1.

BRITISH AIRWAYS

Die Nase ist ab 461 km/h gerade und das Flugzeug damit stromlinienförmig.

DIE NASE DER CONCORDE
Die *Concorde* hat eine bewegliche Nase, die nach unten geklappt wird, damit der Pilot bessere Sicht hat.

Die Nase wird beim Start um 5 Grad nach unten geklappt.

AUFKLÄRER
Die *Lockheed SR-71 Blackbird* fliegt mit Mach 3,2 in über 24 000 m Höhe. Sie kann in einer Stunde über 250 000 km² der Erdoberfäche fotografieren.

Die Nase wird bei der Landung um 12$^1/_2$ Grad nach unten geklappt.

• PARADE DER FLUGZEUGE •

Die Concorde und der Überschall

In den 60er Jahren entwickelten Frankreich und Großbritannien gemeinsam ein Passagierflugzeug, das mit Überschall fliegen konnte, die *Concorde*. Auch die Amerikaner begannen mit der Planung eines solchen Flugzeugs. Sie gaben ihr Vorhaben jedoch wieder auf, als die Kosten in die Höhe schnellten, und bauten statt dessen den Jumbo-Jet. Die *Concorde* machte im März 1969 ihren Jungfernflug. Bereits zwei Monate zuvor besaß auch die Sowjetunion ein Überschallflugzeug, die *Tupolew 144*. Sie war etwas größer als die *Concorde* und wurde zunächst als Postflugzeug zwischen Moskau und Alma Ata eingesetzt. Nach einem Absturz auf einer Luftfahrtschau wurde die *Tupolew 144* aufgegeben. Die British Airways und die Air France stellten 1976 vierzehn *Concordes* in Dienst, doch das Flugzeug war kein großer Erfolg. Es faßt nur hundert Passagiere, ist teuer im Unterhalt und darf wegen des Lärms in vielen Städten nicht landen.

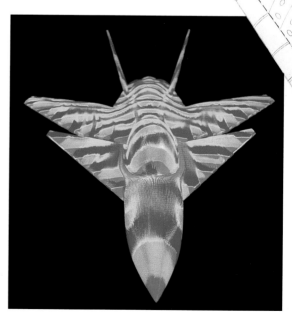

WINDKANAL
Neue Flugzeuge testet man im Windkanal. Man simuliert dabei die Strömungsverhältnisse. Dieses Modell ist mit besonderer Farbe bemalt, die beim Flug auftretende Luftströmungen erkennen läßt.

Boeing 747
Mach 0,84

Bell X-1
Mach 1,45

BAC/Sud Aviation Concorde
Mach 2,1

Lockheed SR-71
Mach 3,2

North American X-15
Mach 6,7

NASA Space Shuttle
Mach 25,0

FORM UND GESCHWINDIGKEIT

Alle oben abgebildeten Flugzeuge sind in diesem Buch erwähnt. Hier werden Formen und Spitzengeschwindigkeiten verglichen.

Flügelform

Die geschwungenen Deltaflügel sind vorzüglich für den Überschallflug geeignet, erzeugen aber auch bei geringerer Geschwindigkeit genügend Auftrieb. Die *Concorde* kann so mit nur 283 km/h landen.

FLÜGEL VON ÜBER-SCHALLFLUGZEUGEN

Die Ingenieure suchen ständig nach neuen Flügelformen, um die Geschwindigkeiten noch weiter zu erhöhen.

Deltaflügel
Mirage III, 1956

Schwenkflügel
Tupolew Tu-26, 1969

Stummelflügel
F-104 Starfighter, 1954

Nach hinten gepfeilter Flügel
Super Etendard, 1974

Nach vorne gepfeilter Flügel
Grumman X-29A, 1984

Motoren

Die vier Olympus-Strahltriebwerke von Rolls Royce erzeugen einen Schub von 68 945 kg.

Elevons

Eine Kombination aus Höhenruder und Querruder, auch Klappenruder genannt.

Treibstofftanks

Die *Concorde* hat eine Reichweite von über 4 800 km. Sie faßt 12 870 Liter Treibstoff. Er wird von den Haupttanks automatisch in die Zusatztanks vorne und hinten an den Flügeln gepumpt. Dadurch bleiben die Gleichgewichtsverhältnisse trotz des hohen Treibstoffverbrauchs während des Fluges dieselben.

51

Kampfflugzeuge

Der Krieg hat die Entwicklung der Flugzeuge beschleunigt. Zu Beginn des Ersten Weltkrieges erreichten die meisten Flugzeuge nur eine Höchstgeschwindigkeit von ungefähr 100 km/h und hatten eine Reichweite von 160 km. Die ersten Militärflugzeuge verwendete man nur zur Beobachtung. Doch bald wurden sie auch für den Kampf ausgerüstet. Gegen Ende des Krieges flogen Bomber schon Geschwindigkeiten von 240 km/h und bis zu 3 220 km weit. Berühmte Jagdflugzeuge des Zweiten Weltkrieges waren die *Spitfire*, die *Mustang* und die *Messerschmitt 109*, unter den Bombern die *Flying Fortress* („Fliegende Festung") und die *Lancaster*. Düsengetriebene Jagdflugzeuge wurden erst später entwickelt. Heute sind die Militärflugzeuge mit Bordcomputern und Elektronik bestens ausgerüstet. Die meisten fliegen Überschallgeschwindigkeit.

Düsenausgang
Das hintere Ende der Triebwerke ist so gebaut, daß sich die Abgase gut verteilen. Damit ist das Flugzeug von infrarotgelenkten Raketen weniger bedroht.

LUFT–LUFT–RAKETE
Heutige Kampfpiloten müssen den Feind nicht einmal mehr sehen. Sie zerstören andere Flugzeuge mit Raketen, die mit Hilfe von Infrarot elektronisch ins Ziel gebracht werden.

NICHT ZU SEHEN
Der *F-117A Stealth Fighter* von Lockheed erscheint auf keinem Radarschirm mehr. Die meisten Flugzeuge haben runde Formen. Hier sind sie flächig und wie ein Diamant facettiert und stark poliert. Damit lenken sie Radarstrahlen ab.

RECHTZEITIGER AUSSTIEG
Der Pilot verläßt mit einem raketenbetriebenen Schleudersitz sein Flugzeug, das gerade explodiert. Augenblicke später öffnet sich ein Fallschirm und bringt ihn sicher auf den Boden.

1915 Deutsche Fokker E I Eindecker
Sie flog 128 km/h und hatte als erstes Flugzeug ein nach vorne schießendes Maschinengewehr.

1917 Französische Spad S. XIII
Den Doppeldecker flogen französische, amerikanische und englische Piloten. Er erreichte 208 km/h.

1917 Englische Handley Page 0/400
Dieser große Bomber konnte 906 kg Gewicht transportieren. Die Maschine flog mit 128 km/h.

1938 Englische Supermarine Spitfire
Während des Zweiten Weltkrieges wurden über 20 000 von diesem Flugzeug gebaut. Es flog mit 576 km/h.

SENKRECHTSTARTER

Diese *McDonnell Douglas AV-8B-* Version des englischen Senkrecht- starters *Harrier* wird bei der US-Marine eingesetzt. Man spricht auch von einem VTOL-Flugzeug (Vertical Take Off and Landing), weil es wie ein Hubschrauber schweben, starten und landen kann. Beim Vorwärtsflug strömen die Abgase nach hinten wie bei einem normalen Jet. Beim Starten und Landen sind die Düsen aber senkrecht nach unten gerichtet. Der *Harrier* braucht vollbeladen einen kurzen Anlauf, damit er in die Luft kommt.

V−förmiger Schwanz
Dieser Schwanz ersetzt die sonst üblichen senkrechten und waagrechten Flossen. Das Leitwerk ist nach hinten ge- kippt, um feindlichem Radar keine Angriffsfläche zu bieten.

BILDSCHIRM IM HELM

Im Kampf müssen Piloten sich dauernd umsehen und schnell reagieren. Wichtige Anzeigen werden ihnen daher auf die Scheibe eines speziellen Helms projiziert. So muß der Pilot seinen Blick nicht mehr auf die Anzeigetafeln richten.

Cockpit
Gezackte Ränder an den Scheiben lenken feindliches Radarfeuer ab.

Infrarotsender
Ein Gitter deckt die Infra- rotsensoren der *F-117A* und lenkt Radarwellen um.

Lenkbomben
Zwei lasergesteuerte Lenkbomben werden im Inneren des Rumpfes mitgeführt.

Düseneinlaß
Der Einlaß für die an- gesaugte Luft ist mit einem Gitter verkleidet.

Facettenartige Röhren
Darin befinden sich Geschwindigkeits- und Höhenmesser.

1943 Englische Gloster Meteor
Das erste englische Jagdflugzeug mit zwei Strahltriebwerken. Es erreichte eine Spitzengeschwin- digkeit von 969 km /h.

1952 Amerikanische Boeing B-52 Stratofortress
Dieser Riesenbomber hatte acht Strahl- triebwerke und konnte über 20 000 km weit und 960 km/h schnell fliegen.

1974 Deutscher, englischer und italienischer Panavia Tornado
Dieses von drei Nationen entwickelte Jagdflugzeug hatte verstellbare Flügel und erreichte 2 333 km/h.

1978 Amerikanische McDonnell Douglas F/A 18C Hornet
Dieses Flugzeug wird auch in Kanada, Australien, Spanien und Kuwait geflogen. Es erreicht 2 124 km/h.

Flugzeugträger

Der erste und wahrscheinlich ungewöhnlichste Flugzeugträger war ein Kohleschiff. Es zog Beobachtungsballons während des amerikanischen Bürgerkriegs hinter sich her. Im Jahr 1910 startete der amerikanische Kunstflugpilot Eugene Ely mit einem *Curtiss*-Doppeldecker von einer Plattform des Kreuzers *Birmingham*. Den ersten echten Flugzeugträger bauten dann die Engländer während des Ersten Weltkrieges. Doch das Flugdeck auf dem Schiff war gefährlich. Die Piloten durften von dort nur starten und mußten bei der Rückkehr ihre Maschinen im Meer landen. Bereits im Zweiten Weltkrieg waren die Flugzeugträger wichtiger geworden als die großen Schlachtschiffe. Große Flugzeugträger können bis zu hundert Jagdflugzeuge transportieren. Moderne atomgetriebene Flugzeugträger sind heute die größten und leistungsstärksten Schiffe in einer Kriegsflotte.

COUNTDOWN
Das Flugzeug auf dem Flugzeugträger ist in Startposition. Die Katapult-Mannschaft mit ihren grünen Jacken steht bereit. Der Offizier, der ein gelbe Jacke trägt, gibt gerade das Signal zum Start.

LANDEANFLUG
Die Piloten fliegen 8 km weite Kreise in unterschiedlicher Höhe, während sie auf die Landeerlaubnis warten. Wenn alle bereitstehenden Flugzeuge katapultiert sind, können sie bei freiem Deck landen.

Katapult-Start
Eine Rückhaltevorrichtung am Katapult verhindert, daß das Flugzeug mit laufenden Triebwerken vor dem eigentlichen Start nach vorne rollt.

Ablenkvorrichtung
Stahlwände lenken die Abgase vom Deck weg.

Katapultschiene

EIN SCHWIMMENDER FLUGPLATZ
Dieser Flugzeugträger hat vier Startkatapulte und ein Landedeck. Die Flugbewegungen dirigiert ein Offizier, der sogenannte „Air Boss", vom Kontrollturm aus. Der Kapitän steuert den Flugzeugträger von der Schiffsbrücke aus.

Flugabwehrkanonen

14 Tomcats

22 Hornets

14 Intruders

4 Prowlers

4 Hawkeyes

6 Vikings

6 Sea Kings

DER FLUGZEUGTRÄGER „America"

Die *America* kann 70 Flugzeuge aufnehmen, die hier alle abgebildet sind. Während die Flugzeuge starten oder landen, herrscht ein ohrenbetäubender Lärm, so daß jeder an Deck einen Ohrschutz tragen muß. Die Besatzung muß mit höchster Präzision arbeiten. Sie katapultieren zwei Flugzeuge gleichzeitig, und alle 37 Sekunden kann eines landen. Die Starteinrichtungen werden mit Hochdruck-Heißdampf betrieben. Dabei wird das Flugzeug bis auf 322 km/h beschleunigt. Am schwierigsten ist das Landen. Die Piloten müssen auf ein schwankendes Deck mit einer 227 m langen Landebahn zielen. Landebahnen auf dem Festland sind zwölfmal so lang.

Flugsteuerung
Der Flugkommandant und seine Besatzung steuern alle Flugbewegungen vom Kontrollturm aus.

Schiffsbrücke

Flugdeck-kommando

Radar

Fangtaue

Aufzug
Vier Aufzüge bewegen die Flugzeuge zwischen Flugdeck und darunterliegenden Hangars.

Landesignal-Offizier
Dieser Offizier hilft den Piloten bei der Landung.

Landung
Ein Haken unter dem Leitwerk des Flugzeugs fängt eines der über das Schiff gespannten Taue. Das Flugzeug, das mit 240 km/h landet, kommt nach 100 m zum Stillstand.

Sicherheitsnetz

Optisches Landesystem
Rote, grüne und gelbe Lichter warnen die Piloten, wenn sie beim Landeanflug zu hoch oder zu niedrig fliegen.

Der englische Flugzeugträger *Invincible* mit hohem Deck

Der amerikanische Flugzeugträger *Nimitz* transportiert 85 Flugzeuge.

Der amerikanische Flugzeugträger *Iwo Jima*

55

Goddard 1926 (USA)
Erster Start einer
Flüssigkeitsrakete.
Sie flog nur
56 m weit.

**V-2 1942
(Deutschland)**
Erste erfolgreiche militärische Rakete.
Sie erreichte 85 km Höhe.

Sputnik I 1957 (UdSSR)
Erster Satellit in der Erdumlaufbahn. Er hatte
einen Sender dabei.

**Gagarin 1961
(UdSSR)**
Erster Mensch im Weltraum.
Sein Raumschiff hieß *Wostok 1*.

Hubble-Teleskop 1990 (USA)
Start des Weltraumteleskops
Hubble.

Columbia 1981 (USA)
Start des ersten
wiederverwendbaren
Spaceshuttles ins All.

Viking 1976 (USA)
Die Sonden *Viking I* und *II*
landeten auf dem Mars,
fanden aber kein Leben.

Skylab 1973 (USA)
Ein Weltraumlabor
für mehrwöchige
Aufenthalte im All

Armstrong 1969 (USA)
Neil Armstrong
setzte als erster
den Fuß auf den
Mond.

• PARADE DER FLUGZEUGE •

Raumfahrt

Die Chinesen entwickelten im 12. Jahrhundert die ersten Raketen. Ihre Kenntnisse gelangten schon bald nach Europa, doch bis in unser Jahrhundert hinein wurden Raketen nur beim Feuerwerk eingesetzt. Im Jahr 1903 schlug der Russe Konstantin Ziolkowski Flüssigkeitsraketen für Fahrten im Weltraum vor. Eine erste Rakete dieser Art startete dann 1926 der Amerikaner Robert Goddard. 43 Jahre später wurde das Raumschiff *Apollo 11* von der größten jemals gebauten Rakete gestartet. Es transportierte die Astronauten Neil Armstrong, Edwin Aldrin und Michael Collins mit ihrem Mondlandegefährt *Eagle* auf den Mond. Millionen von Menschen auf der Erde hörten damals Armstrongs Stimme, der „von einem großen Schritt für die Menschheit" sprach. Seither sind Astronauten mehr als ein dutzendmal auf dem Erdtrabanten gelandet. 1981 umkreiste der wiederverwendbare Spaceshuttle *Columbia* 37mal die Erde.

ARBEIT IM ALL
Während einer Spaceshuttle-Mission 1994
reparierte die Astronautin Kathryn Thornton
das Weltraumteleskop Hubble.

WETTERBERICHT
Dieses wolkenlose Bild von Europa und Nordafrika wurde aus mehreren Fotografien zusammengesetzt. Aufgenommen haben sie Wettersatelliten, welche die Erde im All umkreisen.

DER FLUG DES SPACESHUTTLES

Drei Raketenmotoren und zwei zusätzliche Feststoffraketen (Booster) heben den Spaceshuttle mit dem Schub von 140 Jumbo-Jets in eine Erdumlaufbahn. Dort fliegt er mit 28 175 km/h.

Zwei Minuten nach dem Start und in einer Höhe von 45 km werden die Booster abgesprengt und kehren an Fallschirmen zur Erde zurück.

In 112 km Höhe ist der Außentank leergebrannt und wird abgetrennt. Während der Shuttle in die Umlaufbahn einschwenkt, fällt der Tank ins Meer. Dieses Teil wird als einziges nicht geborgen.

WIEDEREINTRITT
Für die Rückkehr auf die Erde verlangsamt der Shuttle seinen Flug und tritt wieder in die Erdatmosphäre ein. Er gleitet zu seinem Landeplatz und setzt mit 346 km/h auf.

SCHON GEWUSST?

Jede Feststoffrakete enthält 907 184 kg Aluminiumpulver, das innerhalb von zwei Minuten abbrennt. Dabei ensteht eine ungeheure Hitze und ein hoher Druck. Die Abgase werden nach hinten ausgestoßen und heben den Spaceshuttle in die Luft.

57

Flugzeuge von morgen

Wie werden die Flugzeuge der Zukunft aussehen? Werden sie tausend und mehr Passagiere fassen und Platz bieten für Geschäfte und Restaurants? Und wie schnell werden sie wohl fliegen? Das schnellste Passagierflugzeug, die *Concorde*, fliegt Überschallgeschwindigkeit. Um die Mach 2 der *Concorde* zu überbieten, müßten die Flugzeuge in über 18 000 Meter Höhe fliegen. Doch in diesen Schichten der Atmosphäre würden die Abgase die Ozonschicht stark schädigen oder gar zerstören. Gegen Überschallflugzeuge sprechen auch die hohen Kosten für den Unterhalt. Die Zukunft wird vermutlich eher den Kipprotor-Flugzeugen gehören. Sie sind teils Hubschrauber, teils Flugzeuge. Da sie auf kleinsten Flugplätzen, ja sogar auf Dächern von Gebäuden landen können, eignen sie sich besonders für den Verkehr zwischen Städten.

WELCH EIN BILD!
Die Firma Boeing plant das Überschallflugzeug des 21. Jahrhunderts. Es soll 300 Passagiere nonstop 9 600 km weit mit derselben Geschwindigkeit wie die *Concorde* befördern.

FLUG IN DIE ZUKUNFT
Ein Kipprotor-Flugzeug hebt von einem Landeplatz auf dem Dach eines Gebäudes in Hongkong ab. Diese Flugzeuge der Zukunft sollen 200 Passagiere aufnehmen, wie Hubschrauber schweben und mit 550 km/h fliegen. Sie könnten vor allem die überfüllten Flughäfen entlasten.

TREPPAUF, TREPPAB
Dieser zweistöckige Jumbo-Jet der Zukunft soll ungefähr so schnell fliegen wie die *Boeing 747*, aber über 500 Passagiere aufnehmen.

FLUGPHASEN EINES KIPPROTORS
Mit den Rotoren kann das Flugzeug wie ein
Hubschrauber starten und landen.

Mit schräggestellten Kipprotoren
bewegt es sich langsam vorwärts.

Die Kipprotoren funktionieren nun wie
Propeller und erzeugen einen Vortrieb.

GEMEINSAM ZUM MARS

Die USA und Rußland arbeiten zusammen an einem aufregenden Pro-
gramm, das „Mars Together" heißt.
In einigen Jahren wollen sie mit Raketen
eine Reihe unbemannter Sonden in das
Weltall bringen. Diese sollen den Roten
Planeten umkreisen, auf ihm landen und
ihn untersuchen. In einem weiteren Pro-
gramm wollen beide Nationen die Sonne
und den Planeten Pluto erforschen.

Von allen Seiten

Man kann sich von einem Flugzeug nicht immer eine richtige Vorstellung machen, wenn man es auf dem Boden oder fliegen sieht. Diese Doppelseite zeigt 3-Seiten-Silhouetten von zwölf der Flugzeuge, die als Hauptbilder in diesem Buch vorkommen. Den 3-Seiten-Silhouetten kann man die wichtigsten Merkmale des Flugzeugs entnehmen: Form, Zahl, Typ und Lage der Motoren sowie die Flügelspannweite.

1903 WRIGHT FLYER
Doppeldecker, 1 Kolbenmotor.
Höchstgeschwindigkeit: um 48 km/h
Spannweite 12,3 m

GRAF ZEPPELIN
Ein Luftschiff, 5 Kolbenmotoren
Höchstgeschwindigkeit: 128 km/h
Länge: 236 m

SUPERMARINE S.5
Wasserflugzeug, Eindecker, 1 Kolbenmotor
Höchstgeschwindigkeit: 451 km/h
Spannweite: 8,4 m

SUPERMARINE SPITFIRE
Eindecker, Jagdflugzeug, 1 Kolbenmotor
Höchstgeschwindigkeit: 656 km/h
Spannweite: 11 m

BOEING 314 CLIPPER
Flugboot, Eindecker, 4 Kolbenmotoren
Höchstgeschwindigkeit: 309 km/h
Spannweite: 43 m

BELL X-1
Experimentalflugzeug, Eindecker, 1 Raketenmotor
Höchstgeschwindigkeit: 1 531 km/h = Mach 1,45
Spannweite: 8,5 m

BELL JETRANGER
Hubschrauber, 1 Turbinenstrahltriebwerk
Höchstgeschwindigkeit: 214 km/h
Spannweite: 10 m

AIRBUS A-320
Ein Großraumjet, 2 Turbinenstrahltriebwerke
Höchstgeschwindigkeit: 896 km/h
Spannweite: 34 m

LOCKHEED C-130 HERCULES
Frachtflugzeug, 4 Turboprop-Motoren
Höchstgeschwindigkeit: 618 km/h
Spannweite: 40,4 m

BAC-AEROSPATIALE CONCORDE
Überschall-Passagierflugzeug,
 4 Turbinenstrahltriebwerke
 Höchstgeschwindigkeit: 2 226 km/h = Mach 2,1
 Spannweite: 25,6 m

GOSSAMER CONDOR
Experimentalflugzeug, muskelgetrieben, Leichtbauweise
Höchstgeschwindigkeit: um 16 km/h
Spannweite: 29 m

LOCKHEED F-117 NIGHTHAWK
Radarunsichtbares Jagdflugzeug,
 2 Manteltriebwerke
 Höchstgeschwindigkeit: 1 034 km/h
 Spannweite: 13 m

Fachbegriffe

Aerodynamik Die Wissenschaft der Aerodynamik untersucht, wie sich strömende Luft verhält. Sie sucht die strömungsgünstigste Form. Über die Oberflächen solcher Körper strömt die Luft, ohne daß Verwirbelungen oder Turbulenzen auftreten.

Auftrieb Die nach oben gerichtete Kraft, die an einem angeströmten Tragflügel entsteht. Der Auftrieb ist dem Gewicht entgegengesetzt.

Autogiro Ein Flugzeug, das den Auftrieb von einem Rotor erfährt, der nur vom Fahrtwind angetrieben wird. Autogiroflugzeuge gibt es nicht mehr.

Autopilot Ein System, das Fluglage und Flugrichtung eines Flugzeugs selbsttätig steuert. Die wichtigsten Flugdaten muß der Pilot vorher eingeben.

Ballon Ballons fliegen, weil sie leichter sind als die sie umgebende Luft. Sie lassen sich nur in der Senkrechten steuern, die Flugrichtung bleibt dem Wind überlassen.

Cockpit Die Kabine für die oder den Piloten und die Flugingenieure, auch Flugdeck genannt.

Drachenfliegen Heute weit verbreiteter Sport mit dem Hängegleiter. Dieses deltaförmige Fluggerät besteht aus einem Rohrgestänge und ist mit Kunststoffgewebe überzogen.

Druckkabine Die heutigen Flughöhen in über 10 km wirken sich wegen des geringen Luftdrucks tödlich für den Menschen aus. Deswegen muß in der Passagierkabine und auch im Frachtraum ein viel höherer Luftdruck herrschen. Er entspricht dem Luftdruck in 2 300 m Höhe.

Düsenantrieb Allgemeine Bezeichnung für den Antrieb mit Hilfe von Strahltriebwerken

Fahrwerk Das Fahrwerk trägt das Flugzeug beim Starten und Landen. Bei größeren Flugzeugen läßt es sich nach dem Start einziehen. Der Luftwiderstand geht dadurch merklich zurück.

Flächenregel Eine Regel für die Konstruktion von Überschallflugzeugen. Die Flächenregel führt zum Beispiel dazu, daß sich der Rumpf im Flügelbereich wespenartig einschnürt.

Flosse Unbewegliche Teile des Leitwerks. Flossen führen zu erhöhter Stabilität. Wir unterscheiden die waagrechte Höhenflosse und die senkrechte Seitenflosse. An diesen beiden Flossen sind Ruder befestigt.

Flugschreiber Verkehrsflugzeuge führen ein Tonbandgerät und einen Flugdatenschreiber mit. Er zeichnet alle wichtigen Gespräche und Daten auf, so daß bei einem Unfall eine Rekonstruktion der letzten 30 Minuten möglich ist.

Gieren Die Bewegung des Flugzeugs um die Hochachse; es dreht sich dabei von links nach rechts und umgekehrt. Gierbewegungen werden vom Seitenruder gesteuert.

Gleitzahl Die Gleitzahl für Flugzeuge gibt das Verhältnis von zurückgelegter Strecke und Höhenverlust an. Ein Flugzeug mit der Gleitzahl 8 verliert auf einer 8 m langen Strecke einen Meter an Höhe.

Hängegleiter Sportgerät des Drachenfliegers, oft auch nur Drachen genannt.

Höhenruder Mit dem Höhenruder führt der Pilot Auf- und Abbewegungen des Bugs und des Hecks durch. Diese Bewegung nennt man Nicken.

Jet-Ströme Heftige, eiskalte bandförmige Höhenströmungen in der Luft, auch Strahlströme genannt. Die Flugpiloten nutzen sie, um energiesparender und schneller zu fliegen, denn diese Ströme erreichen Geschwindigkeiten bis zu 400 km/h.

Klappen Jedes größere Flugzeug hat vorne und hinten am Flügel ausfahrbare Klappen. Sie dienen als Auftriebshilfen. Beim Landen und Starten werden die Klappen ausgefahren. Dadurch verdoppelt sich der Auftrieb, und die Flugzeuge können entsprechend langsamer fliegen.

Leitwerk Das Leitwerk gewährleistet die Stabilität und Steuerbarkeit des Flugzeugs. Man unterscheidet das Höhen- und das Seitenleitwerk, die beide am Schwanz des Flugzeugs liegen. Zur Steuerung und Stabilität sind auch die Querruder am Hinterende der Tragflächen notwendig.

Luftschiff Luftschiffe sind wie Ballons leichter als die sie umgebende Luft. Sie lassen sich aber mit Hilfe motorgetriebener Propeller steuern.

Der Göttervogel Garuda

Dampfflugzeug

Schmetterling

Wilbur und Orville Wright

Spaceshuttle

Machzahl Die Machzahl gibt die Geschwindigkeit eines Flugzeugs im Verhältnis zur Schallgeschwindigkeit an. Mach 1,0 ist Schallgeschwindigkeit. Ein Flugzeug mit Mach 0,75 fliegt mit 75 % der Schallgeschwindigkeit. Mach < 1 bedeutet Unter-, Mach > 1 Überschallgeschwindigkeit.

Navigation Bezeichnung für alle Verfahren, mit denen sich der Pilot am Himmel zurechtfindet und zu seinem Ziel gelangt. Als Hilfen hat er Flugkarten, Funkfeuer, Radar und Satellitennavigation.

Nicken Bewegungen des Flugzeugs um die Querachse. Bug und Heck bewegen sich dabei wechselweise auf und ab. Nickbewegungen werden mit dem Höhenruder gesteuert.

Paraglider Englische Bezeichnung für den Gleitfallschirm, mit dem man ähnlich wie mit dem Segelflugzeug fliegt. Man kann mit der Thermik aufsteigen und größere Strecken zurücklegen.

Propeller Luftschraube. Der Propeller hat denselben Querschnitt wie eine Tragfläche. Bei schneller Drehung erzeugt der Propeller somit eine nach vorne gerichtete Kraft.

Querruder Mit dem Querruder führt der Pilot seitlich kippende Bewegungen des Flugzeugs durch. Wir sprechen dabei von Rollbewegungen. Mit dem Quer- und Seitenruder fliegt der Pilot eine Kurve.

Radar Ein Verfahren zur Ortung ferner Flugzeuge und Schiffe. Dabei werden Radiowellen ausgesandt und die Echos empfangen.

Rollen Bewegungen des Flugzeugs um die Längsachse. Das Flugzeug kippt dabei seitlich. Rollbewegungen werden mit den Querrudern gesteuert.

Rotor Ganz allgemein ein drehbares Teil. Man verwendet das Wort vor allem im Zusammenhang mit dem Hubschrauber, der meist zwei Rotoren aufweist, einen großen Hauptrotor und einen kleinen Heckrotor.

Ruder Bewegliche Flächen am Flugzeug, mit denen die Richtung des Fluges verändert wird. Wir unterscheiden dabei Seiten-, Höhen- und Querruder. Die Seiten- und Höhenruder sitzen an den entsprechenden Flossen, die Querruder an den Tragflächen.

Schallgrenze Die Schallgrenze ist erreicht, wenn ein Flugzeug so schnell fliegt wie der Schall. In großer Höhe beträgt die Schallgeschwindigkeit rund 1065 km/h, auf Meereshöhe etwa 1225 km/h. Bei Überschreiten der Schallgrenze ist ein Überschallknall zu hören.

Grob 115

Schleudersitz Ein raketengetriebener Sitz, der den Piloten aus dem Flugzeug katapultiert. Dazu wird das Dach des Flugzeugs abgesprengt. Mit dem Schleudersitz retten sich Piloten kurz vor dem Absturz.

Schub Eine nach vorne gerichtete Kraft, die den Vortrieb eines Flugzeugs erzeugt. Durch diese Bewegung nach vorne ergibt sich an den Tragflächen schließlich auch der Auftrieb.

Macchi M.52

Seitenruder Mit dem Seitenruder führt der Pilot Bewegungen um die Hochachse durch. Man nennt das Gieren. Mit Seiten- und Querruder fliegt der Pilot eine Kurve.

Strahltriebwerk Strahltriebwerke sind einfache Maschinen zum Antrieb schneller Flugzeuge. Ein Verdichter vorne am Triebwerk komprimiert Luft. In der Mitte des Triebwerks wird Benzin verbrannt. Die Luft erhitzt sich dadurch sehr stark und dehnt sich aus. Die heißen Abgase treten mit großer Geschwindigkeit nach hinten aus und erzeugen dabei einen Schub nach vorne.

DC-3 Dakota

Stromlinienform Alle Körper, die schnell und möglichst ohne Widerstand durch eine Flüssigkeit oder ein Gas bewegt werden müssen, haben eine Stromlinienform. Im Idealfall ist der Körper tropfenförmig.

Thermik Allgemeine Bezeichnung für aufsteigende warme Winde. Mit Hilfe der Thermik gelingt es Segelfliegern, Drachenfliegern und Paraglidern an Höhe zu gewinnen.

Flugechse

Turboprop Strahltriebwerk, das vorne zusätzlich einen Propeller antreibt.

Ultraleichtflugzeug Motorisierter Hängegleiter. Ultraleichtflugzeuge sind nicht schwerer als 100 kg. Wegen des Lärms dürfen sie nur auf wenigen Plätzen starten und landen.

Schwimmerflugzeug

Register

Bildnachweis

(l=links, M=Mitte, o=oben, r=rechts, u=unten, B=Bildsymbol, H=Hintergrund, R=Rückseite, U=Umschlag, V=Vorderseite)
Air Portraits, 48or AKG. Berlin, 6Ml, 18ul. Auckland Museum, 16ur. Auscape, 8or (Hans & Judy Beste), 10ul, 11or, 63ur (J. P. Ferrero). Austral International, 20ol, 21o, 42M, 62ol (L'Illustration/Sygma), 24or (Rex Feature Ltd), 52ul (R. Richards/Liaison/Gamma), 48ul (P. Schofield /Shooting Star. Australian Geographic, 19ul (Courtesy P. Smith). Australian Picture Library, 56o, 42u (ACME/Bettmann),22ur, 62ul (Bettmann), 17or (B. Desestres /Agence Vandystadt), 33ul (G. Hall), 29ur, 30ul (UPI/Bettmann). Boeing, 35ol, 58or, 58ul. Check Six, 31r, 33ur (M. Fizer), 34or, 50M, 54or (G. Hall), 43or (R. Neville), 48Mr (J. Towers). CSIRO, *Division of Plant Industry*, 12ur. Budd Davisson, 28ol. Chris Elfes, 16/17M. FAA Oceanic Programme, 46Mr. Enrico Ferorelli, 15ul. Werner Forman Archive, 14ol (Denpasar Museum). The Granger Collection, 14ul, 15or, 15ur, 25M, 26ol. Terry Gwynn-Jones, 7ol, 23ol, 25ur, 26or, 40or, 44ol, 44M, 49ol (Royal Flying Doctor Service). The Image Bank, 36M (T. Bieber), 36or (S. Proehl). Image Select, 21Mr

(Ann Ronan Picture Library). Imax Corporation, 13ur. International Photo Library, 52l. Lockheed, 50ur. NASA, 56ol, 56Ml, 56ur, 59Mr. NHPA, 8l (G. I. Bernard), 12ol, 13or, 62Ml (S. Dalton). North Wind Picture Archives, 15Mr. Oxford Scientific Films, 10ol (S. Osolinski). The Photo Library, Sydney, 8 Ml (J. Burgess / SPL), 56or (J. Fitzgerald), 57ol (GEOSPACE / SPL), 63Mr (D. N. Green), 27Mr, 56or (Hulton-Deutsch), 35or (J. King-Holmes / SPL), 46ol (P. Poulides / TSI), 56or, 56M, 56ol, 56/57M (SPL / NASA). Quadrant, 44Mr, 46Ml, 46ur, 28ul, 29or, 42o, 44Ml (Flight). Robert Harding Picture Library, 56Mr. Royal Aeronautical Society, 19M, 43Mr. Phil Schofield, 41ur. Science & Society Picture Library, 17ul, 21ur, 31or, 32ol (The Science Museum). SEXTANT Avionique, 53Mr. Smithsonian Institution, 23r (Photo no.A42363C), 23ur (Photo no.A4943), 25Ml (Photo no.75–12199), 25or (Photo no.89–923), 26M (Photo no.79–763), 29Mr (Photo no.93–5512), 30M (Photo no.77–11329), 40ul (Photo no.72–7669). Topham Picture Source, 27or. TRH Pictures, 38or (US Navy) 56ol (NASA). Visions, 27ol (M. Greenberg).

Grafik

Christer Ericksson, 18–19M, 48–49. Alan Ewart, VUul, 34–35. Greg Gillespie, 14–15. Mike Gorman, 11r. Terry Hadler, 2–3u, 5ur, 54–55. Langdon G. Halls, VUor, RUur, 7ur, 23u, 23or, 30–31, 32–33, 50–51, 52–53u, 53or, 63or, David Kirschner, VUol, 4ol, 4–5o und u, 6–7M, 6ol, 7Mr, 8–9, 10–11, 11u, 13M Mike Lamble, 39r, 27ur, 59o Alex Lavroff, 5o, 52–53 Kent Leech, 38–39, 39o Ulrich Lehmann, 43–46 Oliver Rennert, 36–37 John Richards, 5r, 20–21, 24–25, 28–29, 63or, Trevor Ruth, 1, 4ul, 22–23, 12–13, 58–59 Steve Seymour, 2ol, 42–43, 40–41 Ray Sim, 26–27u Steve Trevaskis, icons, 6ur, 7ul, 16–17, 19ur, Ross Watton/Garden Studio, 57or, 57Mr, 62ul Rod Westblade, 35M, 56o, 60–61, endpapers.

Umschlag

Air Portraits RUol. Australian Picture Library H (ZEFA). Alan Ewart VUul. Langdon G. Halls VUor, RUur. David Kirschner VUol, VUM. NHPA VUMl (G. I. Bernard). John Richards VUMr. Steve Seymour VUur.